Pete + Trance

Robert Morris ha unido bel. Cuando tomamos control de nuestra boca, Dios bendice nuestras vidas. Este libro es profundo y bíblicamente sólido. Aún más, estas páginas contienen el auténtico privilegio de una vida guiada por el Espíritu, nuestra habilidad de bendecir y dar vida.

LISA BEVERE
AUTORA DE *FIGHT LIKE A GIRL* Y *KISSED THE GIRLS AND MADE THEM CRY*

Robert Morris da una sabiduría increíble sobre la manera en que las palabras pueden afectarle a usted y a la gente a su alrededor, para bien o para mal. Lleno de principios poderosos, *El poder de sus palabras,* le ayudará a comprender el verdadero significado de sus palabras además de darle sugerencias prácticas sobre cómo utilizarlas.

MIKE BRISKY
EX JUGADOR PROFESIONAL DE GOLF EN EL PGA TOUR
PASTOR ASOCIADO DE GATEWAY CHURCH

Robert Morris da en el blanco una vez más. De hecho, le da a varios blancos en este libro. *El poder de sus palabras* aclara cómo nuestras palabras siempre traen consecuencias. El estilo alentador de Robert nos da la esperanza de que, por medio del poder del Espíritu Santo, todo cristiano puede hallar victoria sobre el arma poderosa que es nuestra lengua. Él proporciona verdades espirituales de manera entretenida y realista, que cualquier lector, en cualquier nivel de su vida espiritual, desde los no creyentes hasta los teólogos, puede apreciar.

CHAD HENNINGS
TRICAMPEÓN DEL SÚPER TAZÓN DE FÚTBOL
AMERICANO CON LOS DALLAS COWBOYS
EX PILOTO DE GUERRA DE LA FUERZA AÉREA ESTADOUNIDENSE

Robert Morris le ha hecho un gran favor al cuerpo de Cristo con este libro. Él logra con mucha habilidad profundizar en nuestras actitudes y en las palabras que usamos entre nosotros de manera amable y sensible. Todo cristiano necesita leer este mensaje. Gracias, Robert. *El poder de sus palabras* está destinado a ser un clásico.

CINDY JACOBS
FUNDADORA, GENERALS INTERNATIONAL

Es con mucho entusiasmo que recomiendo el libro de Robert Morris, *El poder de sus palabras*. Su mensaje es una clave para abrir nuestro entendimiento acerca de la importancia de lo que decimos. Nuestro confeso enemigo, Satanás, no quiere que tengamos una revelación correcta sobre nuestras palabras; él quiere mantenernos cegados para poder usar nuestras palabras en contra nuestra. Sin embargo, Dios quiere que sepamos cómo utilizar las palabras para que podamos bendecir a otros y ser bendecidos. Francamente, nunca había leído un libro como este. Como resultado, tengo la intención de comprar copias de *El poder de sus palabras* para cada miembro de mi familia inmediata y para los cientos de empleados de *Daystar*. Sinceramente le animo a comprar este libro y, además, obtener copias del mismo para las personas más importantes para usted.

MARCUS D. LAMB
PRESIDENTE Y CEO, DAYSTAR TELEVISION NETWORK

El pastor Robert Morris ha escrito un libro que le acercará al corazón de Dios y le llevará a profundizar en la Palabra de Dios. *El poder de sus palabras* le hará darse cuenta de todo lo que dice y el efecto duradero que esas palabras tienen. La lengua es una herramienta poderosa para vivir en el reino.

TOMMY MADDOX
MARISCAL DE CAMPO DE LA NFL, PITTSBURGH STEELERS
FUNDADOR DE LA FUNDACIÓN TOMMY MADDOX

A menudo damos por sentado lo que decimos, y fallamos en darnos cuenta de su valor y efecto. Pero la Biblia tiene mucho que decir acerca del poder de la lengua. En *El poder de sus palabras*, Robert Morris enfoca su atención en la importancia de cada palabra que usamos para expresarnos. Es tiempo que nosotros, la iglesia, seamos responsables de los eventos espirituales, mentales y emocionales que ponemos en movimiento con nuestras palabras, tanto en nuestras vidas como en las vidas de quienes nos rodean. Robert nos inspira y desafía con efectividad a ejercer sabiduría cuando hablamos.

JAMES ROBISON
FUNDADOR Y PRESIDENTE, LIFE OUTREACH INTERNATIONAL

El poder
de sus
palabras

ROBERT MORRIS

CASA
CREACIÓN

El poder de sus palabras por Robert Morris
Publicado por Casa Creación
Una compañía de Charisma Media
600 Rinehart Road
Lake Mary, Florida 32746
www.casacreacion.com

Traducido por: Ivette Fernández-Cortez
Diseño de la portada: Vincent Pirozzi
Director de diseño: Justin Evans

Originally published in the U.S.A. under the title:
The Power of Your Words
Published by Bethany House Publishers a division of Baker Publishing Group,
Grand Rapids, Michigan
Copyright © 2014
All rights reserved

Library of Congress Control Number: 2015937332
ISBN: 978-1-62998-263-2
E-book ISBN: 978-1-62998-358-5

Impreso en los Estados Unidos de América
15 16 17 18 19 * 7 6 5 4 3 2 1

Dedicatoria

Este libro está dedicado a Jimmy Evans, mi pastor, hermano, mentor y amigo, de quien aprendí estas verdades. Jimmy y su maravillosa esposa, Karen, son anfitriones de *Marriage Today* [El matrimonio hoy día], uno de los ministerios para matrimonios más efectivos que conozco. Animo a todo el que lea este libro a ver y apoyar *Marriage Today*.

Contenido

Prólogo

Estaba parado al lado de una piscina a orillas del río Misisipí el día que "eso" me sucedió.

En ese entonces tenía 30 años de edad. Había sido criado en la iglesia, conocía a Cristo y tenía un ministerio bastante efectivo, pero "eso" todavía no me había pasado.

Espero que "eso" no suene informal o trivial, porque yo veo "eso" como una de las experiencias fundamentales más esenciales que una persona puede tener. Al decir "eso" me refiero al don dado por la gracia de Dios de entender repentinamente el poder de mis palabras, de cómo uso mis palabras o dejo de hacerlo.

Hoy día estoy agradecido por la persona que Dios usó para abrir esa puerta de entendimiento. Su nombre era Roy Hicks, y mi "entender*lo*" no llevó mucho tiempo, ¡solamente conversamos por 30 minutos! Sin embargo, esa media hora me dio una de las claves para vivir la vida en los términos de Dios y, por su sabiduría, adquirir una percepción de un crucial principio que transforma vidas con poder vivificante.

¿Le ha pasado "eso" a usted? Este libro es su oportunidad para dicho encuentro. Es un manual comunicado con claridad, presentado de manera sabia y escrito pastoralmente, lo cual considero que podría ser para usted lo que Roy fue para mí, un instrumento que comunica verdad al corazón y la mente. Aquí encontrará más que información: Este libro provee comprensión de manera que usted haga suya la aplicación de un principio bíblico central, a una vida equilibrada y práctica.

Robert Morris es un líder joven en quien confío porque busca liderar a su rebaño con sabiduría, equilibrio bíblico y siendo ejemplo de una cálida pasión por una vida piadosa, llena del Espíritu. Como pastor, él es fiel, enfocado en servir a su gente, y no a sí mismo. Su liderazgo revela una pasión para glorificar a Jesucristo, prioridad en la adoración, una vida centrada en la Palabra de Dios, y con igual importancia, una sensible apertura al completo fluir del Espíritu Santo en su propia vida y en la de la iglesia.

Así que permítame instarle a abrir la Palabra de Dios a medida que toma este libro en sus manos. Usted hallará que lo que se dice *aquí* es fiel a lo que se dice *allá*. A medida que la verdad da paso a la fe, y la sabiduría se une a la comprensión, usted será enriquecido. Aquí hay una enseñanza que le ayudará a ver el alcance de lo que significa lo que Jesús dijo: "Porque por tus palabras serás justificado, y por tus palabras serás condenado", (Mateo 12:37, LBLA). Cualquier comentario *positivo* que usted haya escuchado antes sobre los principios y el poder de las "confesiones de fe," ¡este libro es lo mejor que hay!

Por otro lado, si usted está consciente, como yo lo estoy, de que algunos han distorsionado esa verdad maravillosa, y que las exageraciones y el desequilibrio han causado que otros se retraigan con tan solo escuchar la expresión; por favor, escúcheme: *Cualquier comentario negativo que usted haya escuchado, este libro corrige el error, clarifica los principios, se enfoca en la verdad, resuelve las dudas y erradica la confusión.*

Entonces, querido amigo, entre en estas páginas y sea acompañado por un fiel maestro para hallar inspiración espiritual que solamente puede fluir de la unción activa del Espíritu Santo, Aquel que toma los asuntos de Jesús, el supremo Maestro, y nos los muestra, haciendo lo que Jesús dijo que Él haría (Juan 16:14).

Jack W. Hayford
Decano, *The King's College and Seminary*
Pastor fundador de la iglesia *The Church On The Way.*

Febrero, 2006
Los Ángeles, California

Prefacio

Para algunos, las afirmaciones que hago de que las palabras tienen la capacidad de hablar vida o muerte, harán que se pregunten si estoy apoyando la doctrina que en el pasado, burlonamente, se ha etiquetado como "declárelo y recíbalo", u otro montón de sarcasmos ingeniosos. La respuesta no es sencilla.

Como creyentes, todos somos exploradores en busca de descubrir las verdades contenidas en la Biblia. Sabemos que toda verdad está contenida en la Palabra de Dios y que, en realidad, no hay ninguna *nueva* verdad que descubrir; después de todo, la Biblia ha existido por miles de años. Pero algunas de las enseñanzas que descubriremos serán nuevas para *nosotros*. Esa es la razón por la que podemos leer la Biblia una y otra vez y obtener un nuevo entendimiento cada vez. El reino de Dios es vasto, y hay muchas cosas nuevas y maravillosas, que podemos descubrir cada día.

Un redescubrimiento, no un nuevo descubrimiento

En el siglo pasado, una cantidad de maestros y estudiantes de la Biblia redescubrieron y recuperaron muchas verdades importantes para el cuerpo de Cristo que habían sido perdidas, olvidadas o sumergidas por siglos. La sanidad, la adoración y el involucramiento activo del poder del Espíritu Santo en la vida del creyente son solo unas pocas de las verdades que han experimentado un énfasis renovado en la iglesia en las décadas recientes.

Sin embargo, cada vez que Dios restaura una verdad a su iglesia, Satanás intenta plantar el error. Usualmente, esos errores llegan cuando alguien empieza a sentirse atacado o desafiado sobre la "nueva" revelación que él o ella ha descubierto, y entonces comienza a llevar una verdad demasiado lejos. Eso es lo que sucedió en el siglo pasado: Muchos de estos maestros y estudiantes, en respuesta a los incrédulos, los críticos y los burlones, empezaron a ir demasiado lejos. Algunos se dejaron llevar y empezaron a abusar la verdad que habían restaurado a la iglesia. Otros en la iglesia vieron el abuso como excusa para deshacerse de la verdad junto con las exageraciones. Tristemente, mucha gente que pudo haberse beneficiado enormemente de esas verdades, las rechazaron con el tiempo.

Permítame darle una parábola ficticia y simple que describe este fenómeno:

Allá por el principio de esta nación, un aventurero se fue a explorar una inmensidad inexplorada del continente norteamericano. Después de muchos meses de viaje, cruzando bosques y atravesando inmensas praderas y desiertos, él se encontró con un desfiladero enorme, un gran hoyo en la tierra.

Al encontrarlo, pensó para sí, *este gran hoyo es espectacular. ¡Es impresionante! ¡Más gente debería venir aquí a verlo!* Así que regresó a casa y empezó a contarles a todos acerca del "Gran Hoyo", como él lo había llamado. Envió anuncios y comunicados de prensa sobre el descubrimiento. Sin embargo, no pudo conseguir mucha gente interesada en verlo.

Eso lo frustró enormemente. Pero un día, su esposa dijo: "Creo que tienes un problema de mercadeo. El Gran Hoyo realmente no tiene mucha chispa como nombre. ¿Qué tal si le pusieras un nombre más llamativo, como 'El Gran Cañón'?"

El hombre tomó el consejo de su esposa, cambió el nombre de Gran Hoyo a Gran Cañón y empezó a promover la majestuosidad, la gloria y la singularidad de su descubrimiento. De hecho, cuando él lo contaba, no solamente lo había descubierto, ¡prácticamente, lo había inventado!

Bueno, pronto más gente empezó a visitar el descubrimiento de aquel hombre. Pero con el éxito vino la crítica.

Algunas personas ponían en duda si había o no un gran cañón allí. Otros admitían que lo había, pero que más que impresionante, era aterrador. Mucha gente creía que el hombre hacía mal al tratar que la gente fuera a verlo.

Esta crítica hirió al hombre profundamente. Ofendido y sintiéndose rechazado, respondió haciendo declaraciones aún mayores y extravagantes para su Gran Cañón. Pronto, el Gran Cañón era lo único de lo que hablaba. Proclamaba que era la única maravilla natural que la gente necesitaba ver en su vida. De hecho, él llegó a estar tan centrado en lo maravilloso que era el Gran Cañón que dejó de explorar por completo. Él nunca continuó viajando para conocer alguna de las otras maravillas que permanecían sin descubrir en el Oeste.

Mientras tanto, otros que escucharon sus excesivas afirmaciones (o a quienes no les gustaba el intenso estilo de este hombre para comunicar esas afirmaciones) se encogían de hombros y decían: "Yo no sé nada de eso del Gran Cañón. Es un poco extremo. No es para mí". Y por lo tanto, se perdieron de ver una de las más grandes maravillas naturales del mundo.

Confío en que usted comprendió lo relevante de mi pequeña ilustración. Sí, Dios quiere que prosperemos y que nos vaya bien. Y sí, algunas personas han llevado esta sencilla verdad a extremos y la han abusado. De manera similar, algunos han tomado la verdad acerca del poder de nuestras palabras y la han estirado más allá de lo que la Palabra de Dios puede apoyar. Ellos terminan tratando que las palabras de Dios estén alineadas con las de ellos, en lugar de asegurarse que sus palabras estén alineadas con las de Dios.

Sin embargo, no debemos perdernos de la verdad central de que las palabras tienen poder. La Biblia pasa muchísimo tiempo declarándonos esto como para que nos lo perdamos. Pues si ignoramos esta verdad, lo hacemos por nuestra propia cuenta y riesgo.

Las palabras, pronunciadas o escritas, son claramente algo serio y poderoso para Dios.

En las Escrituras hay una riqueza de sabiduría y entendimiento sobre el poder de las palabras, y estamos a punto de explorarla juntos. Usted puede dejar de abusar del poder de las palabras, es decir, dejar de crear basura, heridas, carencias y apatía. En lugar de eso, usted está a punto de aprender a cómo usar ese poder para crear riqueza espiritual, material y de relaciones. ¡Continúe leyendo!

CAPÍTULO UNO

LA FUERZA EN UNA PALABRA

Recuerde, cada vez que usted abre su boca, su mente desfila
sobre la pasarela pública a través de sus palabras.
EDWIN H. STUART

Hay aproximadamente 800 000 palabras en el idioma inglés.[1] Pero unas 300 000 de ellas son palabras técnicas y científicas utilizadas solamente por un número limitado de especialistas de varios campos y disciplinas. Eso nos deja, a usted y a mí, con 500 000 palabras de las cuales seleccionar para comunicarnos en nuestra vida diaria.

Por supuesto, nadie tiene un vocabulario de medio millón de palabras. De hecho, la persona promedio conoce solamente unas 10 000 palabras y utiliza aproximadamente 5000 en su comunicación diaria.

Eso es todo, solamente 5000 palabras comúnmente usadas para comunicar un universo de ideas, emociones, eventos y deseos. Además, como está a punto de ver en las páginas siguientes, esas palabras tienen un poder enorme, el poder de sanar o herir, de animar o desalentar, de hablar verdad o de engañar, de elogiar o criticar.

Estoy convencido de que no pensamos lo suficiente en nuestras palabras y cuánto poder tienen. Es por eso que he escrito este libro. Deseo revelar verdades sorprendentes y descuidadas que pueden absolutamente transformar su vida de manera positiva. Quiero llevarle en un trayecto de descubrimiento sobre algo más que solamente el impacto físico y emocional obvio que las palabras pueden tener. Quiero que comprendamos la magnitud de la fuerza espiritual inherente en cada palabra que pronunciamos.

Debo decirle de antemano que este no siempre será un trayecto confortable. Viajaremos a través de un territorio que es más bien difícil de transitar. Sin embargo, si usted presta atención hallará claves para vivir más libre, abundante y productivamente de lo que jamás consideró posible.

En un sentido muy real, este trayecto es la búsqueda de un tesoro. Antes de empezar necesito informarle que el mapa del tesoro que estaremos utilizando es la Biblia. Años de experiencia personal (y el testimonio uniforme de miles de otros que he conocido), me han convencido, más allá de la duda, de que la Biblia es la fuente viva de sabiduría, revelación y la verdad de Dios infalible y confiable. Aquellos que beben profundamente de ella, se capacitan a sí mismos para vivir una vida sorprendente de logros, influencia y gozo, y son capaces de llegar a ser todo lo que el Dios amoroso quiere que sean. El ex presidente de los estados unidos, Woodrow Wilson, dijo: "Cuando usted haya leído la Biblia, sabrá que es la Palabra de Dios porque hallará la clave a su corazón, su felicidad y su deber."[2]

Ahora viene la parte dolorosa para mí. Voy a contarle cómo solía ser mi manera de hablar. Afortunadamente, mi historia tiene un final feliz.

Un arma cargada

Su lengua, lo que usted dice, ¿le ha metido en problemas alguna vez? La mía definitivamente sí. Para ser sincero, durante los primeros 20 o 25 años de mi vida, mi lengua era mi peor enemigo. De niño, mi lengua frecuentemente hacía que me golpearan. De adolescente, dañó la confianza de mis padres en mí y me ganó frecuentes problemas con la ley. Y en mis primeros años de matrimonio, lastimó a mi esposa y debilitó nuestra relación.

Yo crecí con una boca que era un arma cargada. Antes de venir a Cristo, abusé del don de expresarme que Dios me había dado, el cual tenía el propósito de comunicar Su amor y Su verdad, y lo utilicé para manipular y mentir. En lugar de usar lo que Dios había creado como una herramienta para edificar a la gente, lo usé para destruirlas.

Si alguien me lastimaba o hacía algo para avergonzarme, esa persona se exponía a una seria venganza. Yo planeaba mi revancha meticulosamente, pasaba horas analizando las debilidades y puntos flacos de la persona. Una vez que tenía formulado mi plan, pacientemente esperaba la oportunidad perfecta para humillarla frente a amigos y compañeros de clase.

Mi retorcido pensamiento era, *voy a darte una lección para que nunca vuelvas a atacarme.* Y si alguien me reclamaba algo, mi defensa era: "Oye, solo bromeaba. Era una broma. Algo está mal contigo, no conmigo".

Ahora sé cuán equivocado e hiriente era mi comportamiento. Usted no puede hacer comentarios cortantes y luego decir que no significaban nada. (Desafortunadamente, veo con frecuencia a cónyuges haciendo lo mismo). La Biblia dice que usted sí tiene el propósito de decir algo a través de lo que dice, porque "de la abundancia del corazón habla la boca" (Mateo 12:34).

Si mi boca era un arma cargada cuando era joven, con el tiempo llegué a ser muy hábil en apuntarla a otros y jalar el gatillo. No solamente podía avergonzar a una persona, sino que podía asaltarla con mis palabras. Este no era un buen hábito para llevar al matrimonio.

Yo no era cristiano cuando Debbie y yo nos casamos, pero pronto llegué a conocer a Cristo como Salvador. Sin embargo, no fue sino hasta varios meses después de nuestra boda que Dios trató conmigo con respecto al poder de mis palabras. En los años previos a venir a Cristo, me había convertido en un maestro de la manipulación verbal. Yo podía ganar cualquier argumento, aun cuando estuviera completamente equivocado; y llevé todas esas habilidades oscuras a nuestro matrimonio. Cuando teníamos discusiones, como la mayoría de las parejas recién casadas las tienen, yo instintivamente ponía todas esas habilidades en uso. Cuando no estábamos de acuerdo, yo no estaba interesado en

llegar a un acuerdo y a la armonía. Sólo quería ganar. Y para
ganar yo usaba mis palabras para golpear a Debbie. Nunca le
puse una mano encima físicamente, pero emocional y verbalmente, yo era un salvaje.

¿Me permite contarle algo que he aprendido desde esos días
de inmadurez e inseguridad? Cuando usted ha manipulado y
atacado verbalmente a alguien, y él o ella ceden simplemente
porque usted tiene mayores habilidades para debatir, usted no ha
ganado. De hecho, ha perdido, y bastante. Mi manera de relacio-
narme me estaba costando más de lo que podía imaginar.

Pero todo eso cambió un día. Nueve meses después de nuestra
boda, Debbie y yo estábamos en una discusión en la que yo,
como siempre, torcí todo lo que ella había dicho y lo volví en su
contra para hacerla sentir como una estúpida. Fue en ese momento que Dios decidió llamar mi atención.

Mi preciosa esposa angelical acababa de salir de la habitación,
llorando, cuando yo, un cristiano muy joven que recién había
empezado a escuchar y reconocer la voz de Dios, lo oí hablar
más clara y firmemente a mi corazón que nunca antes.

"Deja de hacer eso".

"¿Disculpa, Señor?".

"Robert, nunca más vuelvas a hacer eso".

"Vamos, Señor, solamente estoy ventilando un poco. Todos lo
hacen, ¡es saludable!"

Entonces, en el tono de voz más serio que jamás haya oído
al Señor usar, Él dijo: "Tú no tienes derecho de ventilar contra
mi hija. La estás lastimando. Deja de hacerlo en este mismo
instante".

¡¿Mi hija?! Las palabras me pararon en seco en mi confianza
en mí mismo e hicieron que se me pusieran los pelos de punta.
Repentinamente, vi todo lo que había estado haciendo bajo una
luz diferente. Hasta ese momento, yo simplemente había estado
discutiendo con "mi" esposa. Ahora, yo veía lo que realmente
había estado haciendo, había estado lastimando a la amada hija
de Dios. Aunque era un cristiano recién convertido, tenía suficiente temor santo de Dios como para saber que eso era algo

que yo no debía hacer. Sin embargo, Dios no había terminado de ajustar mi manera de pensar.

"¿Recuerdas esa vez cuando aquel cinta negra de karate te dio una paliza cuando eras adolescente?", preguntó Él. Pensé por un momento y luego los recuerdos me inundaron. Mi bocona y mi actitud arrogante me habían metido en peleas en una cantidad de ocasiones en mi adolescencia, pero esta paliza sobresalía entre todas las demás. Me metí en un altercado verbal con cierto individuo que me había advertido con anticipación que él era cinta negra en karate. Por supuesto, mi respuesta fue característicamente sarcástica y despectiva. Dije: "¡no me importa de qué color es tu cinta!".

Bueno, unos minutos después sí empezó a importarme. Él me dio la paliza de mi vida. Estuve adolorido no solamente por unos días, como era normal después de una pelea. Estuve adolorido por semanas. De hecho, tenía huesos y músculos adoloridos que estuvieron sensibles por varios meses después.

Dios me dijo: *"La razón por la que te dolió por tanto tiempo después es que él era diestro en combate. Él sabía qué hacer para lastimarte".*

Luego, Dios dejó caer la bomba.

"Robert, tú eres como un cinta negra con tus palabras. Cuando tú maltratas verbalmente a Debbie, no dura solamente por un momento. La herida dura mucho tiempo porque tú eres diestro con las palabras. Deja de hacerle eso a mi hija. Está mal y vas a arruinar tu matrimonio". Las palabras de Dios atravesaron mi cabeza dura y llegaron al fondo de mi corazón.

Ese día me abrió los ojos. Me di cuenta de que no necesitaba que un demonio trabajara para destruir mi vida, mi bocota y yo estábamos haciendo un buen trabajo sin ayuda. Mi boca estaba haciendo de mi vida un desperdicio. Sin embargo, cuando Dios me detuvo en mis andanzas y empecé a ver ciertas verdades en su palabra y luego a aplicarlas a mi vida con la ayuda del Espíritu Santo, todo empezó a mejorar.

Permítame mostrarle algunas de esas verdades básicas que formarán un fundamento para todo lo demás que exploraremos. En capítulos siguientes estaré compartiendo algunos conocimientos sobre la devastación que las palabras erradas pueden causar, así como la forma en que nuestras palabras pueden llevar sanidad y restauración. Pero antes de ir allí, echemos un vistazo al *por qué* nuestras palabras son tan poderosas.

CAPÍTULO DOS

CONEXIONES VERBALES SIN LAS QUE NO PUEDE VIVIR

Las palabras han movido naciones enteras...Denme la palabra correcta y el acento correcto y moveré al mundo.
JOSEPH CONRAD

Fue construido en 1998 a un costo de más de tres mil millones de dólares, el más grande de su especie en el mundo. Me refiero al gran puente del Estrecho de Akashi que conecta Honshu, la isla principal de Japón, con la isla de Shikoku. Con un largo de 3.9 kilómetros (casi duplica la longitud del Golden Gate de San Francisco), es una maravilla de la ingeniería moderna. Es un poderoso conector, abarcando una barrera de aguas profundas para unir dos poblaciones en maneras significativas e importantes.

Pero quizá el conector más grande en la historia de la ingeniería fue construido cerca de 100 años atrás. Antes de que el Canal de Panamá se completara en 1914, navegar desde la ciudad de Nueva York hasta San Francisco significaba un viaje de 22 880 kilómetros rodeando el peligroso Cabo de Hornos en la punta sur de Sudamérica. El canal recorta 14 256 kilómetros y mucho del peligro de ese trayecto, y además, conecta al mundo del Atlántico con el mundo del Pacífico, haciendo del mundo entero un lugar más accesible.

¿Por qué le doy una lección de la historia del transporte en un libro acerca de las palabras? Porque hay algo vital que debemos entender acerca de las palabras.

Las palabras son conectores.

Las palabras tienen la capacidad de construir puentes, abarcar abismos y acortar largas distancias entre usted y los demás. Pero las palabras no solamente le conectan con otras personas, las palabras también le conectan a Dios.

Su conexión con Dios

El relato de la creación en Génesis muestra cómo las palabras fueron el vehículo que Dios usó en el ámbito espiritual para hacer que las cosas sucedieran en el ámbito físico o natural. Cuando Dios (quien es Espíritu, vea Juan 4:24) quería que se creara algo material, Él hablaba.

En las líneas de apertura de Génesis leemos: "Entonces *dijo* Dios: Sea la luz. Y hubo luz", (Génesis 1:3, énfasis añadido). Una y otra vez en los primeros tres capítulos de Génesis, a medida que Dios lleva a cabo la asombrosamente compleja obra de crear el universo, vemos las palabras: "Entonces *dijo* Dios".

Dios no movió su mano. Él no golpeó el suelo con un cetro de oro. Él habló para que el mundo material existiera. En los primeros 25 versículos de Génesis, Dios simplemente habla y las cosas existen. Luego, en los versículos 26-27, vemos a Dios hablar una vez más:

> Y dijo Dios: Hagamos al hombre a nuestra imagen, conforme a nuestra semejanza; y ejerza dominio sobre los peces del mar, sobre las aves del cielo, sobre los ganados, sobre toda la tierra, y sobre todo reptil que se arrastra sobre la tierra. *Creó, pues, Dios al hombre a imagen suya, a imagen de Dios lo creó; varón y hembra los creó.* (Énfasis añadido)

¡Fuimos creados a imagen y semejanza de Dios! Debido a que Dios tiene creatividad y la habilidad de crear con Sus palabras, nosotros también. Por supuesto, no estoy sugiriendo que el poder que poseemos sea, ni siquiera remotamente, como el de Dios.

Pero desde que Dios sopló en la humanidad Su propio aliento de vida, ha habido en nosotros una chispa de lo que Él es.

En Génesis 2:7, obtenemos aún más detalles acerca del milagro de la creación de la humanidad. Dice allí que Dios "sopló en su nariz el aliento de vida; y fue el hombre un ser viviente" o "alma viviente". Si usted examina las raíces hebreas de las palabras traducidas como "ser viviente" en ese versículo, encontrará que pueden traducirse literalmente como "espíritu que habla[3]".

Somos más que solamente carne hecha del polvo de la tierra. Dios ha soplado un espíritu en nosotros. No solamente somos seres físicos, tenemos un componente espiritual también. Somos espíritus que hablan.

Somos la única especie sobre la tierra que puede comunicar lo que hay en nuestro corazón, nuestros sentimientos, sueños, esperanzas y planes. Los animales pueden enviar señales entre sí que son comprendidas a cierto nivel, pero ellos no pueden comunicar las cosas profundas que hay en sus corazones (ellos no tienen espíritu).

Hay algo creativo y poderoso acerca de nuestra capacidad de hablar. Es por eso que es tan importante que aprendamos a controlar nuestra lengua. Ella es un arma cargada que tiene el poder de darle vida o muerte a nuestras relaciones, nuestras vidas y nuestro futuro.

Conectarnos con Dios por medio de la alabanza

Cuando Dios quiso superar el abismo del pecado que nos separaba de Él, ¿cómo se conectó con nosotros? ¿Cómo llegó Dios desde lo espiritual hasta lo natural donde nosotros vivimos? En el primer capítulo de Juan leemos:

> En el principio ya existía la Palabra; y la Palabra estaba junto a Dios y era Dios…Y la Palabra se encarnó y habitó entre nosotros (versículos 1 y 14, BLPH).

La Palabra se encarnó. Lo espiritual se volvió natural. Este mismo puente-Palabra fue profetizado en el Salmo 107:20: "Él envió su palabra y los sanó y los libró de la muerte". Dios vino a nosotros por medio de *Su* Palabra, *Su* Hijo, Jesucristo. Él está constantemente superando la brecha con *Su* Palabra. Por consiguiente, no debería sorprendernos el saber que debemos conectarnos con Dios por medio de palabras.

El Salmo 100 nos da instrucciones claras para entrar a la presencia de Dios. Se nos dice que vengamos a su presencia con cantos, que entremos por sus puertas con acción de gracias, que entremos a sus atrios con alabanza. Cantar, agradecer y alabar, todas estas acciones se expresan con palabras.

La razón por la que Satanás no quiere que usted vocalice su alabanza a Dios es porque él sabe que ese tipo de palabras le conectan a Dios en maneras asombrosas. La simple verdad es que las únicas personas que experimentan la gloria y el gozo completos de la presencia de Dios son las personas agradecidas.

Satanás hará todo lo que pueda para desanimarle de expresar gratitud y alabanza. Francamente, él quiere que usted sea una persona que se queja todo el tiempo. ¿Por qué? Porque el quejarse es una expresión de incredulidad e ingratitud (las dos grandes maneras de hacerle un corto circuito al poder de Dios en su vida). La alabanza, por otro lado, es una expresión de fe y gratitud.

Sí, las palabras de alabanza son fenomenales conectores con Dios. Pero también lo son otros tipos de palabras, tal como la oración.

Cualquier oración simple, ofrecida de un corazón sincero, le conecta a usted con Dios. En Lucas 18, Jesús ilustra este punto relatando la parábola de una mujer que oraba día y noche. Después de compartir la parábola, Jesús llega al punto principal diciendo, "¿Y no hará Dios justicia a sus escogidos, que claman a Él día y noche?" (Versículo 7).

La idea de la oración continua se encuentra también en otra Escritura. Efesios 6:18, nos dice que oremos en el espíritu "siempre". Primera Tesalonicenses 5:17 nos dice "orad sin cesar". ¿Por qué cree usted que Dios quiere que oremos día y noche, siempre y sin cesar? Porque Él sabe que nos mantiene conectados a Él. ¡Por medio de la alabanza y la oración es posible mantenerse conectados con Dios todo el día!

No estoy hablando de procurar mantener su *posición* en su relación con Dios. Si usted es cristiano, entonces es hijo de Dios. Su posición en Él es firme y segura. Él es fiel aun cuando nosotros no lo seamos (vea 2 Timoteo 2:13). Estoy hablando de tener una conexión con Él que le permita a usted escuchar Su voz, sentir Sus indicaciones, tener acceso a Su poder y estar anclado por Su paz, hasta en medio de las más fuertes tormentas de la vida. ¿No quisiera usted esa clase de conexión con Dios, todo el día, todos los días?

Tal vez usted pueda pensar de un tiempo, quizá le sucedió hoy, cuando una conexión más cercana con Dios hubiera marcado la diferencia. Es posible tener ese tipo de conexión con Él por medio de la *alabanza* y la *oración*. Esa es la razón por la que usted recibirá mucha más resistencia de Satanás cuando use sus palabras para conectarse a Dios.

Afortunadamente para nosotros, hay limitaciones a lo que el diablo puede hacer. Él no puede matarle simplemente porque así lo quiera. (Créame, si él tuviera el poder para matarle en cualquier momento, ¡ya lo habría hecho!) Permítame decirle lo que él *sí* puede e intentará hacer continuamente a lo largo de su vida: Él tratará de engañarle para que usted se haga daño a sí mismo; él tratará de venderle una mentira que haga que usted escoja un patrón de comportamiento autodestructivo; y, entendiendo el poder de las palabras, él tratará de hacer que usted use su boca contra sí mismo.

Cuando la serpiente le habló a Eva en el huerto para engañarla y romper su conexión con Dios, él utilizó palabras. Él le dijo a Eva: "¿Es verdad que Dios les dijo...?" (Génesis 3:1, NVI). Es irónico, ¿verdad?, que de la misma forma en que nosotros usamos palabras para comunicarnos con Dios, Satanás las utiliza para tratar de engañarnos. Él tratará de torcer la Palabra de Dios, de sembrar semillas de duda en nuestras mentes acerca de la fidelidad, la bondad o el honor de Dios. Él hará todo lo que pueda para llevarnos de la gratitud a la queja, y de la alabanza a la autocompasión. Y, sobre todo, él tratará de desanimarnos para que no hablemos con Dios en oración.

La clave a recordar siempre es que Dios cubre la separación entre Él y nosotros por medio de las palabras, y que debemos conectarnos con Él en la misma forma. El siguiente es un gran pasaje de la Escritura que proclama este principio. Cuando lo lea, note cuántas veces se usan las palabras "boca", "palabra" e "invocar".

> Mas, ¿qué dice? Cerca de ti esta la palabra, en tu boca y en tu corazón, es decir, la palabra de fe que predicamos: que si confiesas con tu boca a Jesús *por* Señor, y crees en tu corazón que Dios le resucitó de entre los muertos, serás salvo; porque con el corazón se cree para justicia, y con la boca se confiesa para salvación. Pues la Escritura dice: Todo el que cree en El no será avergonzado. Porque no hay distinción entre judío y griego, pues el mismo *Señor* es Señor de todos, abundando en riquezas para todos los que le invocan; porque: Todo aquel que invoque el nombre del Señor será salvo (Romanos 10:8-13).

Estos versículos han sido la puerta a la salvación para millones y millones de personas. ¿Cómo se salva una persona (cómo se conecta con Dios)? La persona camina por el puente de la confesión verbal en el Señor Jesucristo. Cree en su corazón y confiesa con su boca que Jesucristo es Salvador y Señor. A medida que lo hace, va de lo natural a lo espiritual, de muerte a vida, del infierno al cielo.

Qué nos desconecta de Dios

Este es el otro lado de esta ecuación de corazón y boca: De la misma manera que creer con el corazón y confesar con la boca son los elementos claves para que una persona se conecte con Dios, también son la única cosa que permanentemente aleja a la persona de Él.

Veamos un pasaje difícil y frecuentemente malentendido de la Escritura. Jesús es quien habla y dice:

> Por eso os digo: todo pecado y blasfemia será perdonado a los hombres, pero la blasfemia contra el Espíritu no será perdonada. Y a cualquiera que diga una palabra contra el

Hijo del Hombre, se le perdonará; pero al que hable contra el Espíritu Santo, no se le perdonará ni en este siglo ni en el venidero (Mateo 12:31-32).

Yo le he dado consejería a una cantidad sorprendente de personas que estaban aterradas de pensar que tal vez habían cometido el pecado imperdonable. Ha sido un placer para mí ratificarles que el simple hecho de que a ellos les preocupe eso es amplia evidencia de que no han cometido el pecado imperdonable. La razón por la que mucha gente se preocupa innecesariamente es que ellos no continúan leyendo después del versículo 32. Cuando usted lee el capítulo completo, se da cuenta que Jesús está hablando de manera metafórica acerca de los árboles y el fruto. Él está haciendo una comparación entre el corazón humano y un árbol, y entre las palabras de la boca y el fruto que el árbol produce. Esa es la razón por la cual, inmediatamente después de haber advertido a sus oyentes (los fariseos) acerca de "el pecado imperdonable", Él dice:

O haced bueno el árbol y bueno su fruto, o haced malo el árbol y malo su fruto; porque por el fruto se conoce el árbol. ¡Camada de víboras! ¿Cómo podéis hablar cosas buenas siendo malos? Porque de la abundancia del corazón habla la boca. El hombre bueno de *su* buen tesoro saca cosas buenas; y el hombre malo de *su* mal tesoro saca cosas malas. Y yo os digo que de toda palabra vana que hablen los hombres, darán cuenta de ella en el día del juicio. Porque por tus palabras serás justificado, y por tus palabras serás condenado (Mateo 12:33-37).

Jesús estaba hablando acerca de decir algo en contra del Espíritu Santo, y Él señaló que lo que se dijera es evidencia de un corazón malvado e incrédulo. En efecto, Él le dijo a su audiencia: "Escuchen, si ustedes tienen un árbol malo, van a tener malos frutos. Su boca mala es evidencia de un corazón malo". Es por eso que la oración clave en ese pasaje es: "De la abundancia del corazón habla la boca".

Lo que dio lugar a todo este intercambio con los fariseos fue que Jesús hizo lo que siempre hacía, expresar la más alta voluntad y los deseos de Dios para todos nosotros sanando a la gente y libertándolas. Los fariseos observaron esto y de sus corazones salió esta declaración: "Este tipo no hecha fuera demonios sino por Beelzebú, el príncipe de los demonios" (Mateo 12:24). En otras palabras, ellos aseguraban que el poder de Jesús provenía de Satanás.

¿Qué clase de corazón produciría ese tipo de declaración cuando la evidencia mostraba que personas que habían vivido bajo el dominio de demonios oscuros durante toda su vida, ahora disfrutaban del gozo y la paz que habían conocido por primera vez en años? Personas que habían estado ciegas de nacimiento estaban viendo atardeceres, flores y los rostros de sus seres queridos por primera vez. Los niños cojos que nunca habían conocido la sensación de correr a través de un campo en un día de primavera estaban saltando y danzando mientras sus padres lloraban de gozo.

"Él es del diablo", era la explicación de los fariseos. ¡Oh!, qué cosa tan peligrosa es tener un corazón tan frío, tan duro, tan torcido por el orgullo, que usted atrevidamente declara que las buenas obras de un Dios santo son llevadas a cabo por aquel que destruye y odia a la humanidad. Y eso es precisamente lo que Jesús les dijo.

Jesús volteó hacia los fariseos y dijo: "Escúchenme ustedes. Lo que están haciendo podría mandarlos al infierno. Permítanme decirles por qué. Su boca está conectada a su corazón, y es de la abundancia de su corazón de lo que su boca habla en este momento. Si ustedes continúan teniendo un corazón como ese, nunca podrán recibir la gracia, bondad y salvación de Dios. Ustedes optarán por ir al infierno en lugar de eso".

¡Qué lección tan importante para todos nosotros! Las palabras que salen de nuestra boca son un indicador directo de lo que hay en nuestros corazones.

Palabras vanas

Por supuesto, hay otra advertencia muy aleccionadora para todos nosotros en la respuesta de Jesús a los fariseos blasfemos:

Y yo os digo que de toda palabra vana que hablen los hombres, darán cuenta de ella en el día del juicio. Porque por tus palabras serás justificado, y por tus palabras serás condenado (Mateo 12:36-37).

"¿Toda palabra vana?" Personalmente, desearía que Jesús no hubiera dicho eso. Pero allí está.

Recuerde, estamos discutiendo el valor y el poder de las palabras. No conozco el verdadero valor de una palabra, pero sí sé esto: Una palabra tiene tanto valor que Dios está grabando cada una de ellas por la eternidad. No sé cómo lo hace. No sé si cada persona tiene un ángel escriba asignado a él o ella. Si así lo fuera, conozco a algunas personas que hablan tanto y tan rápido que su ángel, con toda seguridad, ¡tiene que ser un experto en taquigrafía! Puedo oír a un ángel en el cielo decirle a otro: "Oye, por favor, cambia conmigo. No puedo seguir más con este tipo. ¡Me está dando calambre en la mano!

Por supuesto, estoy bromeando. No creo que en realidad tengamos un ángel asignado a nosotros como una secretaria que grabe nuestras conversaciones a tiempo completo. Creo que Dios personalmente recuerda cada palabra por sí mismo. Si usted piensa que eso es muy difícil para Él, entonces no ha estudiado lo suficiente acerca de quien es Él. Un Dios que con hablar forma las galaxias y que mantiene el universo funcionando como debe a la exactitud del nivel subatómico, no estaría, para nada, mentalmente incapacitado para recordar cada una de las palabras que salen de cada boca sobre la tierra, en esta era y en cualquier otra.

Esa es la mala noticia, cada palabra que usted pronuncia está siendo grabada. Ahora, permítame darle la buena noticia. Cualquiera que sea el mecanismo de grabación que Dios use, está equipado con un botón para borrar. (Estoy tan contento que ese sea el caso, porque he dicho unas cuantas cosas muy tontas en mi vida). Debido a la gracia de Dios, cuando confesamos nuestros pecados, incluyendo los pecados de la boca, éstos son limpiados, borrados ¡y olvidados para siempre! (Vea el Salmo 103:3, 12; 1 Juan 1:9).

No obstante, necesitamos comprender la importancia de

nuestras palabras, porque la Biblia dice que nuestras obras serán probadas y evaluadas:

> Pues nadie puede poner otro fundamento que el que ya está puesto, el cual es Jesucristo. Ahora bien, si sobre este fundamento alguno edifica con oro, plata, piedras preciosas, madera, heno, paja, la obra de cada uno se hará evidente; porque el día la dará a conocer, pues con fuego será revelada; el fuego mismo probará la calidad de la obra de cada uno. Si permanece la obra de alguno que ha edificado sobre el fundamento, recibirá recompensa. Si la obra de alguno es consumida por el fuego, sufrirá pérdida; sin embargo, él será salvo, aunque así como por fuego (1 Corintios 3:11-15).

Lo que hacemos por Dios un día va a permanecer como oro, plata y piedras preciosas. Sin embargo, lo que hicimos en egoísmo, orgullo, ambición o religiosidad será quemado. Sospecho que va a haber un montón de creyentes sorprendidos el día del juicio cuando, aunque sean salvos y destinados al cielo, hallen que mucho de lo que hicieron y dijeron en la tierra ha sido incinerado más que recompensado.

Permítame decirle una vez más que el pecado imperdonable no es el adulterio, por doloroso y destructivo que este sea. No es apostar. Ni siquiera es el asesinato. Es el pecado de toda una vida de orgullo y rechazo incrédulo de Jesucristo, el cual viene del corazón, y es confesado con la boca.

La maravillosa noticia es que las mismas cosas que pueden dar evidencia de separación de Dios, las palabras, pueden conectarnos con Él igualmente.

Su conexión con la gente

Las palabras no solo nos conectan con Dios sino que de maneras muy importantes, las palabras también nos conectan entre nosotros. Las palabras construyen puentes con personas desconocidas y mantienen frescas las relaciones existentes. Para bien o para mal, lo que decimos determina el carácter y la calidad de esas relaciones. Esa es la razón por la que Max De Pree, un miembro del Salón de la Fama de los Negocios de la revista Fortune, y uno de los que recibió el premio de Reconocimiento a la Trayectoria de la organización Business Enterprise *Trust*, dijo una vez: "Tal vez no haya nada más importante en nuestro esfuerzo por lograr un trabajo significativo y relaciones satisfactorias que aprender a practicar el arte de la comunicación."[4]

Utilizando palabras es que nos mantenemos en comunicación unos con otros. En ninguna otra parte es esto más verdadero o importante que en el matrimonio. Para ver una validación interesante de esta verdad, veamos Proverbios 18:20-22:

> Con el fruto de su boca el hombre sacia su vientre, *con* el producto de sus labios se saciará. Muerte y vida están en poder de la lengua, y los que la aman comerán su fruto. El que halla esposa halla algo bueno y alcanza el favor del Señor.

Permítame parafrasear los versículos 20-21: "La calidad de vida que usted vive depende de lo que usted ha estado diciendo". En otras palabras, su éxito o la falta del mismo, dependen mucho de su boca. Conozco gente que está llena de amargura, resentimientos, conflictos y relaciones rotas. En cambio, otros experimentan profunda paz, bendiciones y la satisfacción interior que viene de relaciones en armonía. Puede parecer extraño, pero en un sentido muy real y espiritual, su boca está produciendo las cosas que están llenando su vida.

Creo que es significativo que el versículo que sigue a Proverbios 18:20-21, sea una declaración acerca del matrimonio. ¿Por qué están estos versículos tan cerca? Creo que es porque su matrimonio nunca será mejor de lo que procede de su boca, nunca será mejor de lo que usted lo construye con lo que dice. Puesto de otra forma, si usted quiere tener un excelente matrimonio, debe edificarlo con su boca. Si quiere hijos maravillosos, tiene que formarlos con su boca. La vida y la muerte están en poder de la lengua. Muchísima gente pasa mucho tiempo hablando muerte sobre sus matrimonios.

Se han hecho numerosos estudios sobre esta verdad bíblica. Por ejemplo, cuando los psicólogos Cliff Notarius, de la Universidad Católica, y Howard Markman, de la Universidad de Denver, estudiaron parejas durante su primera década de matrimonio, encontraron una sutil, pero importante diferencia al principio de las relaciones.

Entre las parejas que lograron mantenerse juntas, solamente cinco de cada 100 comentarios hechos el uno del otro fueron ofensivos. Pero entre las parejas que posteriormente se separaron, diez (el doble) de cada 100 comentarios eran insultos. La brecha se incrementó después de la siguiente década, hasta que las parejas en decadencia estaban lanzándose cinco veces más comentarios crueles y de desprecio el uno al otro, que las parejas felices.

En su libro basado en esa investigación, Notarius y Markman escribieron: "Las ofensas hostiles actúan como las células de cáncer que, si no se chequean, erosionan la relación con el tiempo. Al final, el negativismo implacable e incesante toma el control y la pareja no puede pasar una semana sin peleas significativas".[5]

Es algo que da qué pensar, que la única forma confiable de predecir el éxito o fracaso en el matrimonio no es cuánto afecto se demuestra la pareja, cuántos intereses en común tienen, o de qué clase de trasfondo económico proceden. ¡Fue la clase de palabras que usan para hablarse entre sí!

Deje de hablar muerte a su cónyuge y empiece a permitirle a su boca alinearse con la Palabra de Dios.

Esposos, empiecen a elogiar a sus esposas como si ellas ya fueran las mujeres de Dios que ustedes quieren que ellas sean. Dejen de destrozarlas verbalmente. Deje de buscarles defectos. Dejen de hacerlas sentir el blanco de sus chistes con sus amigos. Efesios 5:25-26, dice:

> Maridos, amad a vuestras mujeres, así como Cristo amó a la iglesia y se dio a sí mismo por ella, para santificarla, habiéndola purificado por el lavamiento del agua con la palabra.

¿Sabía que Jesús lava a Su esposa (la Iglesia)? Según este versículo, lo hace con Sus palabras. Así que, esposos, ¿están ustedes lavando a sus esposas con sus palabras? ¿Las están limpiando? ¿Están sanándolas y restaurándolas? ¿Están animándolas? ¿O es todo lo contrario, desanimándolas, deshonrándolas y destruyéndolas con sus palabras? Estas son preguntas gravemente serias que debería hacerse a sí mismos.

Lo mismo se aplica a las mujeres. Esposas, dejen de hablar muerte a sus esposos. Dejen de decirles todo lo que hacen mal. Encuentren algo, cualquier cosa, que ellos haga bien y elógienlos por ello por todo lo alto. Una dama le contó a un amigo mío una vez que la única cosa que su esposo hacía bien era levantarse. La respuesta de mi amigo fue: "Entonces, dígale que él es la persona que mejor se levanta de la cama que usted haya visto jamás". ¡Reanímelo! (Si quiere una buena definición de la palabra "reanimar", piense en la palabra "animar". "Reanimar" significa "ponerle ánimo". Por el contrario, desanimar significa "quitarle el ánimo").

A veces, cuando mi esposa Debbie y yo salimos a comer con una pareja que acabamos de conocer, nos impresiona escuchar cómo se destruyen entre sí. Es verdaderamente sorprendente. Usualmente se hace bajo el disfraz de "solo bromeo". Pero permítame decirle, no es divertido. Es destructivo. Y en la mayoría de las ocasiones, aunque es posible que haya una sonrisa forzada en el rostro de la otra persona, yo veo dolor en sus ojos. Hay muerte en esos insultos.

Estoy usando el matrimonio para mostrarles el poder que tienen las palabras para conectar, pero estos principios son verdaderos para toda relación con otra persona. Sus palabras pueden traer vida o muerte a todos los que usted conoce. Piense en su pasado. ¿Hay relaciones rotas allí? Si usted piensa en cómo sucedió, probablemente verá que las palabras jugaron un papel principal en la desconexión.

La buena noticia es que el mismo instrumento (las palabras) que rompieron la relación, pueden restaurarla. Si usted dijo algo que hirió a alguien, la forma de sanar la brecha es decir algo más, digamos, "Lo siento. Me equivoqué. Por favor, perdóname". Por cierto, esas palabras son las más poderosas e impactantes que un hijo podría escuchar de un padre. Por alguna razón, muchos hombres piensan que es de alguna manera débil o no sabio el decirle "lo siento" a sus hijos. Ellos temen que de algún modo estarían abandonando su posición de liderazgo y autoridad si se disculpan. Créanme, no es así. Por el contrario, es lo mejor que puede hacer si hay una desconexión entre usted y sus hijos.

Esas palabras de confesión son también la forma de conectarse de nuevo con Dios. Si usted está separado de Dios por medio de la desobediencia o la dejadez, solamente use el poder conector de las palabras para traer restauración: "Si confesamos [¡palabras!], nuestros pecados, Él es fiel y justo para perdonarnos los pecados y limpiarnos de toda maldad" (1 Juan 1:9, ampliación añadida).

Eleve el estándar

Deje de pronunciar muerte sobre su salud, sus finanzas, su matrimonio y sus otras relaciones. Comience a permitirle a su boca alinearse con la Palabra de Dios. Sus palabras están construyendo puentes o destruyéndolos. Es uno u otro, porque las palabras, más que nada, nos conectan con Dios y a unos con otros.

A través de los años he aprendido que cada vez que elevo el estándar de las palabras que hablo, mi vida mejora. Soy más eficiente en el ministerio y tengo más éxito como esposo, padre y amigo.

Lo mismo es verdad para usted. Si usted eleva el estándar de las palabras que le dice a los demás, su matrimonio será mejor. A sus hijos les irá mejor. Sus circunstancias mejorarán.

Usted puede determinar la calidad de su vida futura por las palabras que pronuncia hoy.

CAPÍTULO TRES

¿PUEDO HABLAR CON LIBERTAD?

*El verdadero arte de conversar no es solamente decir
lo correcto en el lugar correcto, sino dejar sin decir
lo incorrecto en el momento de la tentación.*
DOROTHY NEVILL

Alguien se me acercó una vez después de un servicio de la iglesia, y dijo: "Pastor, su mensaje me recordó un poco de la misericordia de Dios. Pensé que duraría para siempre". (Hasta acá llegó el tacto y la diplomacia).

Winston Churchill se hizo famoso por decir francamente casi todo lo que pensaba. Uno de esos momentos grabados fue en respuesta a Lady Astor, quien le dijo: "Señor, si usted fuera mi esposo, yo pondría veneno en su bebida". Su respuesta fue: "Señora, si usted fuera mi esposa, ¡yo lo bebería!".

"¿Puedo hablar con libertad?", es una frase familiar en nuestra cultura. Cuando una persona dice esas palabras, él o ella, usualmente, está buscando permiso para dejar a un lado el tacto y la diplomacia y ser brutalmente honesta. (Pero hay otra frase interesante: ¿quién quiere ser herido por la honestidad?) En las palabras "¿puedo hablar con libertad?" yo uso el término "libre" en el sentido de "sin costo". Pero ¿es posible usar las palabras de manera descuidada e indiscriminada sin que éstas nos cuesten algo?

En el capítulo anterior aprendimos que las Escrituras dicen que las palabras, sin lugar a dudas, tienen un valor y poder tremendo, el propio Jesús dando una aleccionadora advertencia sobre palabras vanas (vea Mateo 12:36).

Entonces, ¿son nuestras palabras, "sin costo alguno"? O ¿es posible que cuando usamos palabras equivocadamente o sin cuidado ellas puedan voltearse y ser usadas en contra nuestra por el enemigo? Quiero señalar tres mentiras en lo que se refiere a las palabras que Satanás espera que todo cristiano llegue a creer. Una vez que esas mentiras hayan sido expuestas, usted se encontrará en una mejor posición para evitar el engaño y el daño que conllevan.

Mentira #1: Usted tiene el derecho de libre expresión

Lamento tener que ser quien le diga esto, pero usted no tiene el derecho de libre expresión. Antes de que me acuse de ser un mal ciudadano, permítame explicarle.

La Primera Enmienda a la Constitución de los Estados Unidos le garantiza a cada ciudadano estadounidense el derecho de libre expresión (al igual que libertad de culto, prensa y asamblea). Y me alegra mucho que así sea. Estoy inmensamente agradecido de haber nacido en un país donde el gobierno tiene prohibido decirme qué puedo o no decir. Esas libertades fueron ganadas y han sido defendidas a costa de enormes sacrificios. Sin embargo, aun en el sentido constitucional, hay límites a su derecho de libre expresión. Oliver Wendell Holmes, juez de la Corte Suprema de Justicia, de manera estupenda declaró que nuestro derecho a la libre expresión no le daba a nadie el derecho de gritar "¡Fuego!" en una sala de cine llena.

Sí, estoy contento de ser estadounidense. Pero permítame decirle algo: Cuando los Estados Unidos hayan desaparecido por cien mil años, el cielo seguirá estando allí. Los presidentes van y vienen, pero Jesús aún es Señor, el mismo ayer, hoy y para siempre (vea Hebreos 13:8).

No solamente vivimos bajo las leyes de cualquier país donde sea que hayamos nacido, sino que, además, estamos sujetos a las leyes espirituales, los principios permanentes que Dios ha tejido en la tela misma de la creación. Todo cristiano porta una doble ciudadanía. Adicionalmente a nuestros países de nacimiento, también somos ciudadanos del reino de los cielos. Y en lo que se refiere a las leyes de este reino, no existe tal cosa como la expresión "libre y sin costo alguno". Las palabras son importantes. Ellas tienen peso espiritual. Y tal como vimos en el capítulo anterior, somos responsables por la forma en que las usamos.

Satanás intenta que creamos que ese no es el caso, que realmente no importa lo que digamos y que podemos decir lo que queramos sin consecuencias. Él quiere que creamos que las palabras salen al aire y simplemente se evaporan.

Cuando pienso en lo engañada que puede estar la gente sobre el costo de las palabras y nuestra responsabilidad por las palabras que decimos, me viene a la mente Howard Stern, un locutor de radio que se destaca por exagerar las cosas y decirlas descuidadamente. Stern es un hombre de unos 60 años de edad que ha edificado una carrera radial extremadamente exitosa como resultado de hablar como un chico de 13 años obsesionado con el sexo. Después de haber sido multado, repetidamente, por la Comisión Federal de Comunicaciones [CFC] por violar los estándares de la decencia, Stern anunció recientemente que estaba dando el salto a la radio satelital. ¿Por qué? Porque no tiene regulaciones, lo que le da a él la libertad de ser tan vil y perverso como desee. Al hacer ese cambio, Stern declaró que le estaba dando un impulso a la libre expresión. (Aparentemente, también le estaba dando un impulso a la libre empresa. Su acuerdo con Sirius radio satelital le pagará 500 millones de dólares en un período de cinco años).

Stern se trasladó a la radio satelital porque no quería tener que ser responsable por las palabras que decía. Sin embargo, yo tengo noticias para él. Sus palabras están siendo grabadas por una Autoridad mucho mayor que la CFC. Y, al igual que el resto de nosotros, un día él estará frente a un Juez de poder, gloria y santidad inimaginables. Allí se le ordenará dar cuenta de cada palabra no cubierta por la sangre de Cristo.

Para algunas personas el darse cuenta que no existe tal cosa como la libre expresión llega muy tarde.

Usted simplemente no puede decir lo que quiera. Converso o inconverso, usted tendrá que dar cuenta por cada palabra que diga. Una vez que usted entiende eso le es fácil ver por qué el salmista escribió:

> Señor, pon guarda a mi boca;
> vigila la puerta de mis labios (Salmos 141:3).

Ese sería un buen versículo para memorizar y ponerlo en el espejo de su baño. De hecho, a todos nos caería muy bien decir ese versículo como una oración temprano en la mañana.

Es importante recordar que cada vez que usted siente la necesidad de empezar una conversación con las palabras: "Probablemente no debería decirte esto, pero..." casi siempre es una conversación que del todo no debería ocurrir. Así que, si usted siente la necesidad de decir: "Probablemente no debería decir esto..." entonces, ¡NO LO HAGA! Sólo cállese. Ese empujoncito que está sintiendo es probablemente el Espíritu Santo diciéndole: "No te metas allí. Vas a lamentar las palabras que estás a punto de decir". O como escribió el rey David, ¡tápese la boca!

> "Yo me había propuesto cuidar mi conducta y no pecar con
> mis palabras, y hasta taparme la boca..." (Salmos 39:1, TLA).

¡Oh, sí, usted puede pecar con su lengua! David sabía esto y tomó medidas especiales para guardarse de ese tipo de pecado. Él sabía cuán serio es Dios acerca del daño y la destrucción que la lengua puede traer. Él obviamente le trasmitió este conocimiento a su hijo Salomón, porque en Proverbios 6, Salomón escribió:

> Seis cosas hay que odia el Señor,
> y siete son abominación para Él:
> ojos soberbios, lengua mentirosa,
> manos que derraman sangre inocente,
> un corazón que maquina planes perversos,
> pies que corren rápidamente hacia el mal,
> un testigo falso que dice mentiras,
> y el que siembra discordia entre hermanos
> (versículos 16-19).

"Odio" y "abominación" son palabras fuertes. Y en esta lista, de las siete cosas que son abominación a Dios, tres de ellas son pecados de la boca.

¿Libre expresión? No crea esa mentira. No hay nada sin costo en eso.

Mentira #2: Si usted está "solo bromeando", entonces no cuenta

"¡Eh, yo solo bromeaba!"

"¿Qué te pasa? ¿No puedes aguantar una broma?"

"¡Eh, estaba bromeando! Vamos, ¿dónde está tu sentido del humor?"

"Caramba, qué sensible eres".

Estas son frases comúnmente usadas por gente que trata de salirse del problema después de haber dicho algo malvado, insensible, manipulativo o insultante. Yo lo sé porque yo las usé todas.

Por muchos años estuve convencido de la mentira de que si yo estaba "solo bromeando", no importaba lo que dijera. Este no es un nuevo engaño. Obviamente, ya existía hace tres mil años porque en Proverbios 26, leemos:

> Como el enloquecido que lanza teas encendidas, flechas y muerte, así es el hombre que engaña a su prójimo, y dice: ¿Acaso no estaba yo bromeando? (versículos 18-19).

El usar palabras de manera imprudente o deshonesta y luego apelar a la defensa de que "solo bromeaba", ¡es como lanzarle flechas encendidas al rojo vivo y espadas de muerte a los demás!

Imagine que alguien que usted conoce entre violentamente a su casa con un arco para cazar venados y le dispare una flecha, acertándole en la pierna. Usted probablemente diría: "¿Qué estás haciendo? ¡Me heriste! ¡¿Estás loco?! ¡Pudiste haberme matado!". Qué pensaría si la persona le respondiera: "¡Es una broma! Vamos, ¿dónde está tu sentido del humor?".

Las palabras hirientes atraviesan a la gente y van a lo profundo de su alma. Usted no puede librarse de eso simplemente diciendo que estaba bromeando.

Al pensar en los años cuando mi boca lanzaba palabras hirientes, me siento eternamente agradecido de que Dios me detuviera y me guiara a estudiar sus pensamientos sobre el poder de las palabras.

Debemos rechazar completamente la mentira de que podemos decir lo que queramos en tanto ofrezcamos después la defensa de que "solo bromeaba".

Mentira #3: Una vez que sus palabras sean olvidadas, la influencia de éstas se acaba

Es muy fácil para Satanás persuadirnos de que tan pronto como nuestras palabras son olvidadas, la influencia de ellas se acaba, que una vez que alguien haya olvidado lo que usted dijo, él o ella ya no es afectado o influenciado por esas palabras. Este pensamiento representa una de las mentiras acerca de las palabras más ampliamente creídas.

Las palabras resuenan por la eternidad y tienen repercusiones duraderas.

Jesús dijo que usted y yo vamos a tener que dar cuenta por las palabras que decimos. Satanás, el padre de la mentira, nos dice todo lo contrario: las palabras se evaporan. Simplemente salen al aire y se disuelven en la nada.

Leemos en Santiago 3:5-6: "Así también la lengua es un miembro pequeño, y *sin embargo*, se jacta de grandes cosas. Mirad, ¡qué gran bosque se incendia con tan pequeño fuego! Y la lengua es un fuego…"

Yo he iniciado grandes incendios con esta lengua mía que era como un encendedor. Antes de ser salvo, provoqué algunas llamaradas que habrían hecho parecer como una simple fogatita el gran incendio de Chicago.

¿Qué tal de usted? ¿Alguna vez ha hecho comentarios

desconsiderados y descuidados y luego se sorprendió del daño que causaron? Es fácil hacer eso. Nuestros hogares, lugares de trabajo e iglesias son bosques de pólvora seca que pueden arder fácilmente.

Lo que hacemos con frecuencia después de decir algo hiriente o malvado, es hacer sentir a la persona que acabamos de chamuscar verbalmente con nuestras palabras encendidas que debe sencillamente superarlo, seguir adelante y no hacer tanto alboroto por eso. (Fácil de decir, pero virtualmente imposible de lograr).

Para mi profundo dolor y pesar, mis palabras cobraron un precio sobre la persona a quien amo más que a nadie sobre la tierra. Ya he mencionado cómo, al inicio de mi matrimonio, yo torcía y manipulaba las palabras en las discusiones con mi esposa Debbie, al punto que Dios mismo me llamó la atención. Profundamente arrepentido y lleno de remordimiento genuino, le pedí perdón a Debbie y me postré ante el trono de la gracia de Dios pidiendo ayuda. Y ayuda fue lo que Él me dio.

Si usted le pregunta a Debbie, ella testificará que las cosas fueron marcadamente diferentes desde ese día. Yo estaba muy lejos de ser perfecto. Todavía resbalaba de vez en cuando; pero una atadura en mi vida fue rota esa noche.

Palabras que sanan

Las palabras malas duran, pero las buenas duran más. Permítame contarle una historia que leí hace algún tiempo y que expresa muy bien esta verdad.

Hace muchos años, un profesor de seminario estaba de vacaciones con su esposa en Gatlinburg, Tennessee. Una mañana, ellos estaban desayunando en un restaurante pequeño, esperando disfrutar de su comida tranquilos. Mientras esperaban ser servidos, notaron a un hombre canoso que se veía muy distinguido, yendo de una mesa a otra, conversando con los comensales. El profesor se inclinó y le dijo a su esposa, "espero que no venga para acá". Sin embargo, luego de un rato, el hombre se acercó a su mesa.

"Amigos, ¿de dónde son ustedes?", preguntó con voz amigable.
"Oklahoma", respondieron ellos.

"Qué bueno tenerlos aquí en Tennessee", dijo el extraño de cabello blanco. "¿En qué trabajan?"

"Yo enseño en un seminario", respondió el profesor.

"Entonces usted enseña a los predicadores cómo predicar, ¿verdad? Bueno, le tengo una gran historia". Y diciendo eso el caballero, sin haber sido invitado, tomó una silla y se sentó a la mesa con la pareja. El profesor hizo un sonido de queja y pensó para sí, *Magnífico. Justo lo que necesitaba, otra ilustración cursi de sermón. Apuesto que ya la he oído.*

Este caballero de edad, señaló hacia una de las ventanas del restaurante y dijo, "¿Ven esa montaña allá? No muy lejos de las faldas de esa montaña había un niño pobre, hijo de una mujer soltera. Él tuvo una niñez difícil porque en cada lugar a donde iba siempre le hacían la misma pregunta. "Oye, niño, ¿quién es tu papá?"

La identidad del padre del niño ilegítimo era un misterio que los chismosos del pueblo trataban de resolver constantemente. Así que ya fuera en la escuela o en la tienda la gente le hacía la misma pregunta, "¿quién es tu papá, niño?". A veces la pregunta inocentemente provenía de un extraño. Sin embargo, regularmente se la hacían con mala intención y deseo de lastimarlo. Como fuera, él escuchaba esa pregunta donde quiera que iba. Y a él le atemorizaba.

A la hora de recreo y del almuerzo, él se escondía de los demás estudiantes. Muchas veces evitaba andar en público porque esas palabras lo lastimaban muchísimo. Los domingos, el chico siempre iba tarde a la iglesia y se iba temprano para evitar miradas de rechazo y la temida pregunta.

Cuando tenía unos 12 años de edad, un nuevo pastor fue asignado a la iglesia. Ese día el pastor terminó la prédica tan rápido que el chico se quedó atrapado y tuvo que salir con la muchedumbre. Cuando llegó a la puerta trasera, el predicador vio a un niño solo, y puso su mano en su hombro y le dijo: "Hola, hijo. ¿Quién es tu papá?".

Un murmullo repentino cayó sobre la gente que iba saliendo. El niño sintió su rostro sonrojar al percibir cada ojo en la iglesia viéndolo a él. ¿Cómo respondería? Ahora, finalmente, todos sabrían la respuesta a la pregunta. El misterio se resolvería.

El nuevo pastor sintió instantáneamente lo incómodo de la situación y, siguiendo la indicación del Espíritu Santo, rápidamente después de su pregunta, dijo las siguientes palabras:

"Espera un momento", dijo, "yo sé quién eres tú. Ahora veo el parecido familiar. Tú eres un hijo de Dios". Diciendo eso, tomó al niño por los hombros y viéndolo directamente a los ojos, dijo: "Hijo, tú tienes una gran herencia. Ve a reclamarla".

El distinguido caballero se levantó de la mesa y dijo: "¿Verdad que es una gran historia?".

Conmovido por la historia, el profesor admitió: "Sí, realmente es una gran historia".

A medida que el anciano iba alejándose, se volteó e hizo un comentario final. "¿Sabe? si ese nuevo pastor no me hubiera dicho que yo era hijo de Dios, probablemente nunca hubiera logrado nada en la vida". Y luego se fue.

El profesor de seminario y su esposa quedaron sorprendidos y profundamente conmovidos al saber que el hombre había estado hablando de sí mismo. Llamaron a la mesera y le preguntaron: "¿Conoce al caballero mayor que acaba de irse de nuestra mesa? ¿Quién es él?".

La mesera sonrió y dijo: "Por supuesto. Todos lo conocen. Ese es Ben Hooper, el exgobernador de Tennessee".[6]

• • • • • • • • • • • • • • • •

¡El poder de las palabras! Lo que ese pastor le dijo a ese pequeño, quien con el tiempo llegaría a ser el gobernador del estado, cambió su vida.

Esta es la verdad acerca de las palabras, directamente de la Escritura: No tenemos el derecho de hablar "libremente" en todo momento, no podemos argumentar que estábamos "solo bromeando" cuando rompemos corazones y espíritus con nuestras palabras; y nos engañamos si creemos que nuestras palabras negativas se evaporan en el aire y se olvidan rápidamente.

Sin embargo, las palabras positivas traen sanidad y no tienen fecha de vencimiento.

Las palabras, buenas o malas, duran para siempre.

CAPÍTULO CUATRO

DIEZ PECADOS MORTALES DE LA LENGUA

Normalmente, cuando pensamos en las cosas malas que los seres humanos hacen, pensamos en aquellos que beben licor, los que roban, los que están involucrados en algún tipo de inmoralidad, los que asesinan, aquellos que son violentos y abusan físicamente a los demás. Pero, ¿con qué frecuencia pensamos acerca de todo el daño que se hace por medio del uso, o mal uso, de la lengua?

AL MACÍAS

Si usted creció en la iglesia católica o episcopal, probablemente conozca los siete pecados capitales (orgullo, envidia, glotonería, lujuria, ira, avaricia, pereza). Si tiene un trasfondo bautista o evangélico, tal vez no pueda nombrar los siete sin ayuda; pero, con seguridad, ha escuchado la lista. (Por cierto, en la iglesia donde yo crecí, ¡la lista tenía más de siete artículos!)

De la misma manera, mucha gente está familiarizada con los primeros dos versículos de Isaías 59, pero nunca han oído (o leído) el tercer versículo (el que está abajo en cursivas):

> He aquí, no se ha acortado la mano del Señor para salvar; ni se ha endurecido su oído para oír. Pero vuestras iniquidades han hecho separación entre vosotros y vuestro Dios, y vuestros pecados le han hecho esconder su rostro de vosotros para no escucharos. *Porque vuestras manos están manchadas de sangre, y vuestros dedos de iniquidad;*

vuestros labios hablan mentira, vuestra lengua murmura maldad.

La siguiente es una paráfrasis de este pasaje: "Dios no ha dejado de oírles y Él definitivamente es lo suficientemente poderoso para ayudarles. Ese no es el problema. Ustedes están pasando por todos estos problemas porque sus pecados les han separado del poder y las bendiciones de Dios. ¡Aquí tienen una lista de esos pecados!".

El versículo 3 es una lista seria de las ofensas. Note que justo a la par de "manos manchadas de sangre", en otras palabras, "asesinato", vemos labios que "hablan mentira" y lenguas que "murmuran maldad". Es decir, hay pecados de las manos y pecados de la lengua. Ambos tienen el efecto de cortar nuestra conexión con el poder salvador de Dios.

Por favor no me malentienda. Este pasaje no habla de ser separado de la salvación; nuestra salvación es por gracia, a través de la fe en Jesucristo. El versículo 3 se trata de cómo nuestros pecados afectan nuestra intimidad con Dios y nuestra capacidad de vencer los problemas y la tribulación en el aquí y ahora.

Permítame darle un ejemplo. Como creyentes estamos, en un sentido muy real, casados con Dios. Cuando entramos en esta relación, nos volvemos parte de la novia de Cristo (vea Juan 3:29; Apocalipsis 18:23; 21:9). Si usted le mintiera continuamente a su cónyuge, ¿no afectaría eso su intimidad? Por supuesto que sí, pero probablemente no se divorciarían. Cuando mentimos, nuestra relación con Dios también es afectada, pero Él nos ha prometido: "Nunca te dejaré ni te desampararé" (Hebreos 13:5). Dios no se va a divorciar de nosotros por causa del pecado, pero el pecado, ciertamente, afecta nuestra cercanía a Él.

Esto es entonces lo que Isaías 59:3 dice: Si usted se encuentra separado de Dios, no es culpa de Él. La razón por la cual usted no está recibiendo respuesta a sus oraciones es porque los pecados de sus manos o los pecados de su boca le han separado de Dios.

La mayoría de nosotros tenemos la tendencia a ser culpables de los pecados de la boca más que nada. Cuando cometemos tales pecados estamos diciendo cosas que no se alinean con la Palabra de Dios. Estamos diciéndole a Dios que Él no puede confiar en nosotros. Él escucha nuestras oraciones, pero no puede responderlas porque, la forma en que nuestra boca opera diariamente, no se alinea con nuestras oraciones o con su palabra.

Diez síntomas de una lengua enferma

Los primeros tres capítulos nos han mostrado que es posible pecar con nuestra boca. De hecho, los pecados de la boca pueden ser agrupados en diez categorías básicas. Tomando prestado el nombre tradicional, yo llamo a estas categorías: "Los diez pecados mortales de la lengua", porque cuando cometemos estos pecados, en realidad hablamos muerte.

Yo sé que no son noticias agradables, pero por favor siga conmigo. ¡Pronto tendremos buenas noticias! Antes que podamos escribir una receta para una enfermedad, esa enfermedad debe ser diagnosticada con precisión. Es por eso que quiero que considere estos diez posibles síntomas de una lengua enferma. A medida que lea, vea cuántos de ellos se aplican a usted.

Síntoma No. 1- Decir cosas No ciertas
Cada persona sobre el planeta tierra, mayor de tres años de edad, sabe que está mal decir mentiras. Aun así, la mentira podría ser la más expandida y común de todas las actividades humanas. Se dice que el antiguo filósofo griego, Diógenes, viajó por toda Atenas llevando una linterna a la luz del día, buscando, en vano, a un hombre honesto.

El mentir puede ser común, pero eso no significa que Dios lo apruebe. De hecho, tal como aprendimos en el capítulo anterior, la Biblia deja muy claro que Dios lo odia:

> Seis cosas hay que odia el Señor, y siete son abominación para Él: ojos soberbios, lengua mentirosa, manos que derraman sangre inocente, un corazón que maquina planes perversos, pies que corren rápidamente hacia el mal, un

testigo falso *que* dice mentiras, y el que siembra discordia entre hermanos (Proverbios 6:16-19).

Note, una vez más, que de esas siete cosas que Dios odia, tres de ellas tienen que ver con la boca. Dos de ellas se relacionan con la mentira. Y éstas son "abominación" para Él. Ese es un término muy fuerte, y no es la última vez que ese término se usa para describir los sentimientos de Dios acerca de la mentira. En Proverbios 12:22 encontramos que: "Los labios mentirosos son abominación al Señor, pero los que obran fielmente son su deleite".

En el texto bíblico original hay varias palabras en hebreo y griego que se traducen al español con la palabra "pecado". La palabra más frecuentemente usada es la palabra griega *hamartano,* que significa "fallar el blanco". Quizá haya escuchado a algún predicador definir el pecado como simplemente fallar el blanco en un objetivo. Esta es la palabra traducida "pecado" en el versículo bien conocido, "por cuanto todos pecaron y no alcanzan la gloria de Dios" (Romanos 3:23).

Sin embargo, existen algunas palabras que comunican un sentido mucho más fuerte que solamente fallar el blanco. Tal es la palabra hebrea traducida "abominación" en Proverbios 6:16 (*to'ebah*). Esta palabra se refiere a algo que es completamente detestable. Es algo repugnante. Es la palabra hebrea utilizada con mayor frecuencia para describir los sentimientos de Dios acerca de la adoración a los ídolos paganos por parte de Su pueblo. Y es precisamente esta palabra la que se utiliza para describir la actitud de Dios hacia la mentira.

Mentir es abominable y detestable para Dios. ¿Por qué? Porque es la antítesis de lo que Él es. Dios es verdad. Él no solamente *tiene* la verdad, Él *es* la verdad. Por otro lado, la Biblia describe a Satanás como "el padre de mentira" (Juan 8:44, NVI).

Por consiguiente, cuando mentimos dejamos el trono de Dios y vamos al trono de Satanás. ¡No debe de sorprendernos que Dios vea la mentira como detestable!

Mentir es un tema del cual yo sé bastante. Antes de venir a Cristo yo era un hábil mentiroso crónico. No hay otra forma de decirlo.

Recuerdo la primera vez que me atraparon en una mentira descarada. Tenía ocho años de edad. Mi padre había dejado algo de dinero en el mostrador de la cocina, y yo lo tomé. Mi padre sabía que yo lo había tomado, pero me iba a dar la oportunidad de mostrar un poco de carácter y salir limpio.

Así que me preguntó: "Robert, ¿dónde está el dinero que estaba sobre el mostrador?".

"No sé", respondí, sabiendo que estaba en el bolsillo de mi pantalón.

"¿Tú lo tomaste, hijo? ¿Lo recogiste accidentalmente?"

"No".

Habiéndome dado toda oportunidad en el mundo para decirle la verdad, él dijo: "Bueno, vamos a darle vuelta a la casa hasta encontrar ese dinero. No vamos a dejar de buscarlo hasta que lo encontremos". Él sabía que yo había empezado a andar un camino que no me llevaría a un lugar bueno.

Empezamos a buscar, y a ratos yo decía: "Papá, simplemente no está aquí. Desapareció. No está en la casa". Y él respondía: "*Está* en la casa, y vamos a encontrarlo".

Cuando me di cuenta que no iba a darse por vencido, sabía que tenía que hacer algo. Así que disimuladamente, saqué el dinero de mi bolsillo, lo tiré tras una silla en la sala, y luego hice como que lo había "encontrado".

"¡Oye, lo encontré! ¡Aquí está!"

"Hijo, tú lo pusiste allí", mi padre lo dijo con tristeza y preocupación en su voz.

"No, no lo hice". Uní una mentira con otra. Ese era mi estilo. Finalmente, admití la verdad y mi papá me llevó al cuarto en privado para disciplinarme. Mi padre nunca me disciplinó de manera inapropiada. Él no era un hombre violento. Él me dio unos azotes y lo hizo de la manera bíblica, en amor y con tristeza, no con ira; como una corrección, no como una retribución.

Luego de azotarme, hizo algo que nunca había hecho antes. Dijo: "Acabo de azotarte por robar. Ahora, te voy a azotar por mentir". Y me volvió a dar.

Mi padre hizo todo lo correcto en esa situación. Pero aún a mi corta edad, mi mente estaba tan corrupta que al momento de irse de la habitación, los demonios empezaron a hablarme. Mis pensamientos inmediatos no eran: *Caramba, no lo voy a volver a hacer. Realmente aprendí mi lección.* Por el contrario, mi primer pensamiento fue: *No quiero que vuelvan a descubrirme. Tengo que mejorar en mentir.*

Así que, desde ese momento en adelante, empecé a practicar mis historias y a pensar en todas las posibilidades anticipadamente. En otras palabras, me volví bueno en mentir. Desarrollé la mentira como una forma de arte. Y llegó a ser un hábito en mi vida. En el idioma de las Escrituras, se convirtió en una "atadura" en mi vida, un hábito profundamente arraigado y demoniacamente reforzado. Definitivamente, la mentira tenía una atadura sobre mí.

Nueve meses después de que Debbie y yo nos casamos, le entregué mi vida a Cristo. Pero los hábitos de toda la vida y las ataduras no se evaporan en el momento en que usted es salvo. (Yo he oído de algunos casos donde eso ha sucedido, pero no es la norma). Romanos 12:2 nos dice que, como creyentes, la transformación llega a medida que renovamos nuestras mentes. Es decir, la transformación es un proceso.

Como recién casado y recién convertido, todavía tenía mucho del hábito de mentir como un estilo de vida. No obstante, poco después de mi experiencia de salvación, empecé a predicar.

Créalo o no, me descubría a mí mismo, a la mitad de un sermón, ¡diciendo una mentira! Algunos podrían llamar a eso una licencia poética, pero Dios lo llama mentir. Yo exageraba (y a veces inventaba) con el ánimo de enfatizar e impactar. ¡Mi pensamiento era que lo hacía por una buena causa! La verdad es que el mentir se había integrado tanto en mi estilo de comunicación que salía naturalmente.

Por supuesto, el Señor empezó a redargüirme. Él me dijo: "Sigues mintiendo". Y yo le dije: "Tienes razón, Señor. No lo voy a volver a hacer". Era sincero en lo que decía, pero el hacerlo era algo diferente. Inmediatamente después de mi declaración de no volver a mentir otra vez, venía una mentira. Esto sucedía una y otra vez.

¿Cómo rompe uno un ciclo de derrota como este?

Por favor, ponga mucha atención, porque este principio se aplica para vencer los diez pecados mortales de la lengua. Aquí está la clave en dos partes para romper una atadura.

Usted debe hacerse *responsable ante otros* y *ser corregible*.

Usted les da a personas clave una idea de su patrón de comportamiento *y* el permiso para corregirle cuando ellos vean que usted está incurriendo en él. Esto significa permitirles a las personas hablar a su vida y llamarlo a cuentas. La persona a quien yo necesitaba decirle sobre mi patrón de mentir y luego darle permiso para hacerme responsable era Debbie.

Cuando finalmente entendí esta revelación, fui a Debbie y le dije: "No sé si sabes esto o no, pero tengo problemas con la mentira". Ella dijo: "Sí, lo sé". (Por supuesto, ¡ella lo sabía!)

"Bueno, quiero que me corrijas", le dije. "Si me oyes decir una mentira o estirar la verdad, quiero que, en privado, me hables del asunto".

Luego de un poco de inquietud inicial, ella estuvo de acuerdo.

A partir de entonces, cada vez que íbamos en el carro después de predicar un sermón ella muy gentil y cuidadosamente me decía: "Cariño, lamento tener que hablar de esto, pero noté que exageraste un poco esta noche".

"¿De verdad?", decía yo. "¡No puede ser!"

"Bueno, mi amor, en realidad, sí lo hiciste".

"¿Estás segura? ¿Cuándo?"

"Bueno, ¿recuerdas la parte donde dijiste que 200 personas fueron salvas en el avivamiento donde predicaste el fin de semana pasado? Bueno, realmente fueron siete. ¿Recuerdas?"

Una vez que Debbie estuvo a cargo de mantenerme alerta, junto con mucha oración, no pasó mucho tiempo para que la atadura empezara a romperse. Cuando estaba predicando un sermón, en medio de una ilustración, hacía una pausa. Me descubría a mí mismo a punto de exagerar la historia para aumentar su efecto y, entonces, pensaba: "Debbie me va a hablar de esto cuando vayamos en el carro. Mejor digo la verdad".

¿Puede ver cómo la responsabilidad ante otros y la corrección pueden trabajar juntas? Dele a su cónyuge, a su amigo, o a su pastor permiso para corregirle. Es la clave para vencer todos los pecados mortales de la lengua, incluyendo el primero: mentir.

Síntoma No. 2 - Provocar división

Pensemos en estas palabras: "el que siembra discordia entre hermanos" (Proverbios 6:19), en contexto con los versículos que vienen antes.

> La persona indigna, el hombre inicuo, es el que anda con boca perversa, el que guiña los ojos, el que hace señas con los pies, el que señala con los dedos, el que *con* perversidad en su corazón, continuamente trama el mal, *el que siembra discordia*. Por tanto su desgracia vendrá de repente; al instante será quebrantado, y no habrá remedio (Proverbios 6:12-15, énfasis añadido).

Note la razón específica por la cual esta "persona indigna" va a sufrir una calamidad repentina y quebrantamiento sin remedio: "él siembra discordia".

Es algo muy serio el provocar conflicto, especialmente entre hermanos y hermanas cristianos. Esa es la razón por la que me entristece tanto cuando veo a alguien creando conflictos en la iglesia. Temo por el bienestar de esa persona porque la Palabra dice que la calamidad le vendrá de repente.

No me gusta tener que decirle esto, pero si usted es una persona que anda sembrando discordia, la calamidad está en camino a su casa. Tales advertencias no están limitadas al Antiguo Testamento:

> Pero evita controversias necias, genealogías, contiendas y discusiones acerca de la ley, porque son sin provecho y sin valor. Al hombre que cause divisiones, después de la primera y segunda amonestación, deséchalo, sabiendo que el

tal es perverso y peca, habiéndose condenado a sí mismo (Tito 3:9-11).

Permítame decirle cuán retorcido es el enemigo. Satanás es tan insidiosamente sigiloso acerca de los pecados de la boca que ha convencido a algunas personas de que ellas están, en realidad, haciendo un bien al sacar a relucir cosas que no deberían estar mencionando. Él ha convencido a algunos de que ellos son guardianes de la verdad. De manera que ellos van de una persona a otra, contando lo que otra persona dijo. "Simplemente pienso que deberías saber…" es la justificación común.

En realidad, tales personas están siendo usadas por Satanás para sembrar discordia en la iglesia. La Escritura dice que ellos atraen calamidad repentina sobre sí mismos. Es algo extremadamente serio el sembrar discordia entre hermanos.

El predicador bautista, A. B. Simpson, con seguridad tenía esto en mente cuando dijo: "Yo preferiría jugar con un relámpago, o agarrar con las manos cables de corriente, que pronunciar una palabra imprudente contra cualquier siervo de Cristo, o repetir descuidadamente los dardos de difamación que miles de cristianos están lanzando sobre los demás, a costa de herir sus propias almas y cuerpos".[7]

Sea un pacificador en lugar de un alborotador. Dios es un reconciliador, y debemos imitarlo. Dios envió a su Hijo al mundo por una razón, para reconciliar a la humanidad con sí mismo. Esa es la razón por la cual Él odia tanto la discordia. Él pagó un precio terrible para unir a la gente. Él no mira con agrado ninguna actividad que la separe.

Esté muy vigilante si alguien viene a usted y le habla de su matrimonio. Asegúrese de que, en el intento de ofrecer consuelo o mostrar apoyo, usted no siembre discordia en ese matrimonio. Esté consciente del efecto que sus palabras tendrán.

Una respuesta bíblica para este tipo de situación sería decir: "Tal vez sea difícil en este momento, pero debes honrar a tu esposo". O quizá, "Tal vez no sea fácil, pero necesitas amar a tu esposa y tratarla como una reina". No se atreva a involucrarse en el dolor emocional de su amigo o amiga ni a sentirse ofendido como él o ella están, ni a empezar a estar de acuerdo con lo que su amigo o amiga dice acerca de cuán insensible, egoísta o irracional es su cónyuge.

Si usted siembra discordia en un matrimonio, se está metiendo en problemas con Dios. Así que una a la gente. No participe en separarlos.

Síntoma No. 3 – Ser chismoso
Por el tiempo de la Primera Guerra Mundial, Morgan Blake, un escritor de artículos deportivos para el periódico *Atlanta Journal*, escribió:

Soy más letal que la explosión de un mortero. Triunfo sin matar. Destruyo hogares, rompo corazones y destrozo vidas. Viajo en las alas del viento. Ningún inocente es lo suficientemente fuerte para intimidarme. No hay pureza lo suficientemente pura para acobardarme. No tengo aprecio por la verdad, no tengo respeto por la justicia, ni misericordia por el indefenso. Mis víctimas son tan numerosas como la arena del mar, y, a menudo, igual de inocentes. Yo nunca olvido y pocas veces perdono. Mi nombre es el chisme.[8]

Un chismoso es alguien que habitualmente esparce rumores o hechos íntimos o privados. Note que he incluido el término "hechos". Algunas personas dicen que no es chisme si es verdad. Se engañan a sí mismas. Verdad o no, es chisme si es de naturaleza íntima o privada.

Desde el punto de vista de Dios, si usted no es parte del problema o indispensable para la solución, no hay razón para hablar de un asunto privado. Él lo dice muy repetidamente en su palabra: "El chismoso traiciona la confianza; no te juntes con la gente que habla de más" (Proverbios 20:19, NVI). Es bastante claro, ¿verdad? De igual manera: "El alborotador siembra conflictos; el chisme separa a los mejores amigos" (Proverbios 16:28, NTV). Sospecho que usted podría ser testigo de la veracidad de ese versículo.

Y luego tenemos este pasaje de Pablo a la iglesia de Corinto:

> Pues temo que, cuando vaya, no me gustará lo que encuentre, y que a ustedes no les gustará mi reacción. Temo que encontraré peleas, celos, enojo, egoísmo, calumnias, chismes, arrogancia y conducta desordenada (2 Corintios 12:20, NTV).

Claramente, el chisme en la iglesia no es un problema nuevo. Es tan antiguo como la iglesia misma. Sospecho que ellos lo disfrazaban en aquel entonces de la misma manera que nosotros lo hacemos hoy día, diciendo: "Te lo cuento para que ores". Sí, como no.

Esta es una excelente manera de examinarse a sí mismo la próxima vez que esté a punto de usar la justificación: *te lo cuento para que ores*. Antes de contar su jugosa historia, pregúntese: "¿Estoy yo orando por eso?". Luego, sea muy sincero con Dios en su respuesta. Si usted no ha pasado un tiempo significativo, de rodillas, en intercesión ferviente sobre la situación, usted solamente está siendo chismoso. Y eso está mal. Lo que es peor, es letal.

¿Es el asunto una carga para usted? ¿Le rompe el corazón? ¿Está levantando la situación al trono de la gracia del Padre? ¿Ha hablado con Dios acerca de eso más de lo que ha hablado con los demás? Si no es así, entonces es chisme.

Si usted todavía no está seguro si es tentado a decir chismes, pregúntese: Me emociono cuando escucho las palabras "¿te enteraste que…"? ¿Se alertan mis oídos? ¿Hay alguna parte de mí que disfruta escuchar "basura" sobre otro creyente? Si es así, usted conoce la respuesta: es chisme.

Al igual que otros pecados de la lengua, el chisme es un hábito. Si este es un problema para usted, entonces, es una atadura y le está separando de Dios. Le está robando su intimidad con Él. Y le desconectará del poder liberador de Dios y de su bendición.

Cuando alguien esté a punto de contarle alguna noticia jugosa, usted necesita decirle gentilmente, pero con firmeza: "¿Realmente necesito escuchar esto?".

Yo he aprendido a hacer eso. Yo digo: "Estoy seguro que sientes una carga por esta situación, y tengo la confianza de que estás orando por eso, pero yo realmente no necesito escuchar los detalles. Sólo voy a dejar que el Espíritu Santo me guíe en oración acerca de esto. Él sabe lo que ayudará en la situación". (Por cierto, este es otro papel importante de "orar en el Espíritu". Compartiré más acerca de eso en un próximo capítulo).

Rompa el hábito del chisme. Destruya la atadura. Es un pecado mortal de la lengua.

Síntoma No. 4 – Comunicar falsa información

La calumnia se relaciona muy de cerca con el chisme. De hecho, éstas a menudo van de la mano. La calumnia es una declaración o reporte falso y malintencionado acerca de alguien.

Usted tal vez diga: "¡Yo nunca haría eso!". Sin embargo, ¿sabía que muchas veces calumniamos a alguien sin saberlo cuando comunicamos información negativa que hemos escuchado, pero que no estamos seguros si es verdad? Apuesto a que ha hecho eso. Yo lo he hecho.

Cuando le decimos a alguien: "¿Te enteraste que fulano y mengano hicieron esto y aquello?", con frecuencia nos enteramos después que oímos mal o que era información incompleta. O estamos comunicando una mentira descarada que la empezó alguien con intenciones malvadas.

En tal situación, usted podría estar tentado a justificar lo que hizo: "¡Soy inocente porque me dieron mala información!". Pero usted no es inocente. Si usted se hubiera hecho la "prueba del chismoso" que describí antes, nunca hubiera dicho nada en primer lugar. Y al decir algo se convierte en culpable del pecado de la calumnia. ¿Cómo ve Dios esta práctica?

> Que el calumniador no se establezca en esta tierra; que la desgracia persiga al violento y lo destruya (Salmo 140:11, PDT).

> ...el que propaga calumnias es un necio (Proverbios 10:18, NVI).

El calumniar es claramente algo en lo que usted no quiere estar involucrado; y, según la Palabra de Dios, ¡usted no debe asociarse con alguien que calumnie!

Pero en esta carta quiero aclararles que no deben relacionarse con nadie que, llamándose hermano, sea inmoral o avaro, idólatra, calumniador, borracho o estafador. Con tal persona ni siquiera deben juntarse para comer (1 Corintios 5:11, NVI).

Esto no significa que si alguien ha caído momentáneamente en pecado, usted no debe relacionarse con él. Pablo le dice a la iglesia de Corinto (y a nosotros): "Ustedes no deben dejar que tal persona continúe siendo un miembro respetable de la iglesia. Le han confrontado y pedido con actitud amorosa que se arrepienta, pero él continúa en ese estilo de vida. Ustedes no pueden tolerar el pecado de ese hombre. Eso destruirá a la iglesia". Esto habla del estilo de vida de alguien que claramente y sin arrepentimiento camina en pecado. La calumnia es uno de los pecados mencionados junto a ofensas serias tales como inmoralidad sexual, la idolatría y la estafa.

George Sweeting, el expresidente del Instituto Bíblico Moody, dijo una vez: "Sólo hay una cosa tan difícil como desrevoltillar un huevo, y eso es desdiseminar un rumor".[9]

El calumniar es algo serio. Y tristemente, es demasiado común, aun entre el pueblo de Dios.

Síntoma No. 5 – Quebrantar la confianza

El quinto pecado mortal de la lengua es lo que la Biblia, en la versión de las Américas, llama "andar en chismes". Se refiere al acto de revelar los secretos o traicionar la confianza. Está mencionado en Proverbios 11:13:

El que anda en chismes revela secretos, pero el de espíritu leal oculta las cosas.

A veces uno puede descubrir lo que algo *es* al conocer lo opuesto. Ese es el caso de este proverbio. Aquí se describe lo opuesto de uno que anda en chismes para que usted pueda entender lo que hace el que anda en chismes. ¿Qué es lo opuesto a uno que anda en chismes? Una persona de "espíritu leal" que "oculta las cosas".

Si existe un lugar donde usted debería sentirse seguro para confesar sus pecados, debería ser en el cuerpo de Cristo. Si existe un lugar donde debería poder recibir ayuda cuando la necesitara, debería ser en la iglesia. La gente debería poder venir a nosotros y decirnos sus secretos más oscuros y profundos, y ellos deberían estar seguros con nosotros. Pero no siempre es así.

No estoy hablando aquí de ser parte de ocultar una actividad ilegal, peligrosa o hiriente. Si alguien viene a mí con información acerca de abuso infantil o un posible intento de suicidio, yo no mantendría eso en secreto.

Estoy hablando de alguien que diga: "Tengo un problema en esta área". El hacer eso, por cierto, es muy bíblico. Santiago dice: "Por tanto, confesaos vuestros pecados unos a otros, y orad unos por otros para que seáis sanados", (Santiago 5:16).

Con eso en mente, permítame preguntarle: ¿Es posible que haya mucha gente en la iglesia que no esté sana, emocional, espiritual y hasta físicamente, porque no confiesan sus pecados unos a otros? Y, ¿es posible que muchos no confiesen sus faltas unos a otros porque lo han hecho antes y han sido agobiados por personas que andan en chismes, quienes esparcen sus debilidades vergonzosas y sus faltas por toda la iglesia? Tenemos que volvernos, como lo dice el versículo en Proverbios, espíritus leales que saben cómo guardar un secreto.

Esto me recuerda de una práctica que nunca entendí. ¿Alguna vez ha compartido un asunto confidencial con alguien solo para que le regrese a usted por medio de "un pajarito"? Cuando usted confrontó a la persona en quien había confiado, ella probablemente dijo: "Bueno, yo se lo dije a fulano, ¡pero me prometió que no se lo diría a nadie!" Y, ¿adivine qué? Fulano también le pidió a otro que guardara el secreto, y así sucesivamente.

Escuche, cuando usted le cuenta algo a alguien, que se supone que usted debió guardarlo en secreto, y le pide que no se lo diga a nadie, lo que está haciendo es esperar que él sea más honorable y digno de confianza que usted.

Cuando alguien comparte algo con usted y usted está de acuerdo en no compartirlo con nadie más, ¿sabe lo que eso significa? (Esto es profundo, así que no querrá perdérselo). Significa que usted ¡no lo comparte con nadie más!

Aun así, se nos suelta la lengua con información confidencial todo el tiempo. ¿Por qué? Porque hay una parte carnal en todos nosotros que disfruta mostrarles a los demás que tenemos conocimiento de información secreta. Disfrutamos esparciendo chismes sabrosos, que es justamente de lo que Proverbios 18:8 habla, cuando dice:

> Las palabras del chismoso son como bocados deliciosos, y penetran hasta el fondo de las entrañas.

Es absolutamente esencial que nos convirtamos en personas seguras para que la gente comparta sus faltas, fallas y debilidades. Cuando alguien le confiesa algo a usted, le está dando poder. Él o ella están confiándole algo de poder sobre su vida a usted. Ahora, permítame decirle lo que es el carácter. Es tener poder y usarlo sabiamente. Esa es la mejor definición de carácter que conozco.

No rompa la confianza. El andar de chismoso es un pecado mortal de la lengua.

Síntoma No. 6 – Pronunciar maldiciones en lugar de bendiciones

Hoy día el verbo "maldecir" ha llegado a significar "usar lenguaje profano". De hecho, en mi estado natal de Texas, la palabra ha llegado a significar "palabrotas", como en el ejemplo "después que se le cayó la pelota de boliche en el pie, dijo unas palabrotas". Sin embargo, cuando la Biblia usa la palabra "maldecir", tiene un mayor y más amplio significado que simplemente usar lenguaje obsceno.

Vea, por ejemplo, Romanos 3:13-14:

Sepulcro abierto es su garganta, engañan de continuo con su lengua, veneno de serpientes hay bajo sus labios; llena está su boca de maldición y amargura.

Aquí, Pablo describe a un grupo de gente que tiene un problema serio con sus palabras. Vea la lista:

Sepulcro abierto es su garganta, en otras palabras, están llenos de muerte y putrefacción.

- Engañan de continuo con su lengua, es decir, son hábiles para mentir.
- Veneno de serpientes hay bajo sus labios, en otras palabras, ocultan veneno de culebras
- Llena está su boca de "maldición y amargura".

Obviamente, esta no es una imagen bonita. Pero ¿qué significa maldecir? En la Biblia, maldecir se refiere al acto de pronunciar una maldición sobre alguien.

Los dibujos animados y las películas de Hollywood han incrustado la impresión que pronunciar maldiciones es algo que solamente hacen las viejas gitanas y los brujos y curanderos tribales. Pero si usted lee la Biblia, descubrirá que todo el que tiene voz tiene el poder de hacer dos cosas importantes con ella: bendecir o maldecir. De hecho, maldecir es exactamente lo opuesto a bendecir. Así como las páginas de este libro han reforzado, ¡nuestras palabras tienen poder y consecuencias!

Jesús entendía el poder de la maldición. ¿Recuerda cuando Él y los discípulos se acercaron a la higuera? El árbol, al estar verde y lleno de hojas, avisaba que tenía fruto. Pero cuando Jesús y sus discípulos se acercaron, vieron que no tenía fruto. Fue entonces cuando Jesús dijo estas palabras al árbol: "Nunca jamás coma nadie fruto de ti" (Marcos 11:14).

Por supuesto, cuando ellos pasaron de nuevo por el árbol al día siguiente, lo encontraron marchito desde las raíces hasta la punta. Los discípulos se maravillaron, pero Jesús no estaba sorprendido. ¿Por qué? Porque Él comprendía el poder de sus palabras. De hecho, vea lo que Jesús dijo cuando los discípulos comentaron sobre eso:

> Entonces Pedro, acordándose, le dijo: Rabí, mira, la higuera que maldijiste se ha secado. Y Jesús respondió, diciéndoles: Tened fe en Dios. En verdad os digo que cualquiera que diga a este monte: "Quítate y arrójate al mar", y no dude en su corazón, sino crea que lo que dice va a suceder, le será *concedido*. Por eso os digo que todas las cosas por las que oréis y pidáis, creed que *ya las* habéis recibido, y os serán *concedidas* (Marcos 11:21-24).

Esta es una de las declaraciones más maravillosas acerca del poder de las palabras en toda la Biblia. Y vino directamente de la boca de Jesús en respuesta a una pregunta acerca de una maldición que Él pronunció sobre una higuera.

¿En qué forma "maldecir", en el sentido bíblico de la palabra, llegó a significar solamente "palabrotas"? Permítame darle un ejemplo. La relativamente fuerte palabra de nueve letras "condenado" es una palabra bíblica. Es un derivado de la palabra "condenación", el término que describe el horrendo estado de alguien asignado al castigo eterno y a la permanente separación de Dios. En otras palabras, ser condenado es lo peor que le puede suceder a un ser humano. Aun así, la gente usa la palabra "condenado" como un adjetivo común y lo dice con frecuencia.

¿Por qué alguien pronunciaría tal maldición sobre otra persona? ¿Por qué la gente condena su matrimonio? ¿A sus hijos, o a su trabajo y su chequera? Y, sin embargo, esto pasa todos los días. Ya tenemos suficientes problemas. ¿Por qué pronunciar una maldición sobre algo o alguien?

Por favor, deje de pronunciar maldiciones. Es una abominación para Dios. Y se está lastimando a usted mismo. El Salmo 109 ofrece una aleccionadora advertencia en relación a esto:

> También amaba la maldición, y *ésta* vino sobre él; no se deleitó en la bendición, y ella se alejó de él. Se vistió de

maldición como *si fuera* su manto, y entró como agua en su cuerpo, y como aceite en sus huesos (versículos 17-18).

La Palabra de Dios está declarando que aquellos que prefieren decir maldiciones en lugar de pronunciar bendiciones tendrán mucho de lo primero y muy poco de lo último.

¿Comprende que cada vez que usted lanza maldiciones es como una fuente, y más cae sobre usted que lo que usted le lanza a quien quiera que esté maldiciendo? ¿Por qué? Porque la maldición viene de su interior y sale por su boca. Usted no puede andar en el lodo y mantenerse limpio. De la misma manera, usted no puede lanzar maldiciones sin que éstas toquen su boca.

Recientemente, tuve una experiencia que ilustra esta verdad. Le llevé a una persona un aparato para que lo reparara. Esta persona trabaja desde su casa, y estando de pie en su oficina escuché un mar de juramentos y maldiciones como nunca había oído en mi vida (Y eso que yo solía andar con un grupo de personas bastante rudas).

Este hombre, solo en el curso de una conversación casual, maldijo en diez minutos más veces de lo que yo lo he hecho en los diez últimos años. El torrente de palabras profanas que lanzó con su boca era sorprendente. Por supuesto, en la primera oportunidad que tuve mencioné a qué me dedicaba. Después de eso, él trató, logrando muy limitadamente, de mantener sus maldiciones bajo control.

Esta es la triste ironía de la situación. Yo le había llevado al hombre algo para que lo arreglara, ¡y él ya lo estaba maldiciendo! Él maldijo el artículo. Maldijo los repuestos que se necesitaban para repararlo. Y maldijo la compañía que proveería los repuestos.

Como yo comprendo el poder de las palabras, una vez que regresé a mi vehículo, oré y rompí el poder de cada maldición que él había pronunciado sobre mi proyecto.

Unos días después, le mencioné a alguien el incidente, y él dijo: "Conozco a ese hombre. Él trabaja desde su casa porque perdió su negocio. Solía tener un taller, pero tuvo que cerrarlo. Ha tenido muchas dificultades por eso".

No lo dudo. Estoy seguro que su maldecir desenfrenado ahuyentó a muchos clientes. Tampoco dudo, ni por un momento, que, a un nivel más profundo, su constante maldecir a su negocio y todo a su alrededor tuvo un efecto espiritual poderoso. Lo triste es que él es muy bueno en lo que hace, pero su boca trajo la ruina a su vida.

Como dijo el salmista: "También amaba la maldición y ésta vino sobre él".

Síntoma No. 7 – Usar el nombre de Dios para beneficio personal

Al igual que mentir, el usar el nombre del Señor en vano es una ofensa tan seria que Dios la incluyó en los Diez Mandamientos.

No tomarás el nombre del Señor tu Dios en vano, porque el Señor no tendrá por inocente al que tome su nombre en vano (Éxodo 20:7).

Fundamentalmente, hay dos formas en las que usted puede tomar el nombre de Dios en vano. Sospecho que usted conoce la primera. Pero, puede ser que usted ni siquiera esté consciente de la segunda y más común manera en que la gente comete este pecado.

La primera involucra usar el nombre de Dios como una palabra para maldecir. El hacer eso no solamente es una señal de modales ordinarios y de una mente profana; también es una ofensa seria a Dios. Pero antes de que se felicite por no practicar este pecado, usted necesita ver más de cerca lo que significa tomar el nombre del Señor en vano.

Uno de los significados principales de la palabra "vano" es: "hacer algo para beneficio personal". Por consiguiente, usar el nombre de Dios para beneficio personal es tomarlo "en vano". Por esa razón, este pecado es tan similar a la blasfemia, lo cual significa usar el nombre de Dios de manera no sagrada o deshonesta.

Por ejemplo: cuando usted le dice a alguien, "Dios me dijo…", por razones que le benefician a usted, está caminando en la cuerda floja. Yo escucho a la gente hacer esto todo el tiempo. Ellos quieren convencer a alguien a que hagan o piensen algo, entonces invocan el nombre de Dios para dar más peso a su caso. Es muy tentador justificar sus decisiones o preferencias diciendo: "Dios me dijo". Esto es lo que Dios dice en realidad: "Ay de aquellos que dicen: 'así dice el Señor', cuando el Señor no ha hablado", (vea Ezequiel 13:7; 22:28). ¿Por qué califica ese tipo de gente para un "ay"? Porque están usando el nombre de Dios en vano.

Muchas veces, algún soltero desesperado ha hecho correr a una mujer en su grupo de solteros al decirle: "Dios me dijo que tú eres con quien me voy a casar". (Nota para los solteros: Si Dios realmente les dijo eso, guárdenselo para sí mismos. Así no arruinarán el asunto antes de que Dios le hable a ella).

"Dios me dijo", puede ser la frase más abusada en los círculos eclesiásticos. Definitivamente evite usar el nombre de Dios como una maldición, pero sea igual de diligente en evitar usar Su nombre para su beneficio personal.

Síntoma No. 8 - Lenguaje de alcantarilla
En la película de 1939 titulada *Lo que el viento se llevó*, la línea dicha por el personaje Clark Gable: "Francamente, Scarlett,...", seguida por una palabra obscena, fue considerada escandalosa. Hoy día, los televisores y mp3's de manera rutinaria lanzan un lenguaje tan vil que deja asombrada a la imaginación. En solamente un par de generaciones, nuestra cultura ha desechado toda restricción y eliminado todos los límites en lo concerniente a la obscenidad.

¿Comprende usted cuán grosera se ha convertido nuestra generación en nuestro hablar? Esto representa el octavo pecado en nuestra lista, es lo que la Biblia llama "obscenidades" (vea Efesios 5:3-4).

También se menciona en Colosenses 3:8: "Pero ahora desechad también vosotros todas estas cosas: ira, enojo, malicia, maledicencia, lenguaje soez de vuestra boca".

Pablo les estaba advirtiendo a los cristianos de su época contra este problema. Es una advertencia que también necesitamos hoy día. Cuando usted vive en una cultura que le bombardea con lenguaje grosero, día y noche, es fácil tomar parte en eso. El humor fue inventado por Dios. Pero en caso que no se haya dado cuenta, en los últimos 30 años, el humor se ha vuelto más y más sucio. La gente no cree que se puede ser divertido sin ser perverso. Eso significa que usted puede tener oportunidades en el trabajo o en el negocio para escuchar bromas subidas de tono. Escúcheme, está mal que usted diga esas cosas, y está mal que las escuche.

Usted podría decir: "Si por lo menos no las escucho, en mi oficina me van a llamar 'santurrón'". No me importa cómo le llamen. Lo que me importa es cómo Dios le llame. Y Dios llama a la gente que usa lenguaje sucio abominable, detestable e idólatra. No lo haga.

Síntoma No. 9 – Un hablar contencioso habitual
El noveno punto en nuestra lista es el "hablar con rencilla". Mi diccionario de sinónimos asocia las siguientes palabras con la palabra "rencilla": "pelea", "conflicto", "altercado", "discordia", "disputa", "riña". ¡Qué le parece esa lista! No es de sorprender que la Biblia registre algunas advertencias acerca de permitir que tales palabras caractericen nuestra comunicación.

> Mejor es vivir en un rincón del terrado que en una casa con mujer rencillosa (Proverbios 21:9).

Pero no piense que la Biblia solamente menciona a las mujeres en lo que concierne a este pecado:

> *Como* carbón para las brasas y leña para el fuego, así es el hombre rencilloso para encender contiendas (Proverbios 26:21).

Como la mayoría de los otros pecados en esta lista de los pecados mortales, el hablar con rencilla es un hábito. Algunas personas sencillamente han caído en el hábito de argumentar. Para ellos es instintivo. Y lo disfrutan.

¿Le gustaría saber si tiene este hábito nocivo? Sólo pregúntele a su cónyuge (y pídale una respuesta honesta). Nadie sabe mejor que su cónyuge si usted ha cultivado un espíritu argumentador. ¿Tiene que estar usted siempre correcto? ¿Tiene que decir siempre la última palabra? ¿Tiene que decir siempre "te lo dije"? Todos estos son síntomas de un espíritu de contienda, el cual, ciertamente, se manifestará como una manera rencillosa de hablar.

Un amigo mío, en broma, dice de sí mismo: "Yo puedo estar equivocado, pero nunca dudo". Al menos está consciente de sí mismo. Mucha gente es así y lo sabe. Y nadie quiere estar cerca de una persona que discute todo el tiempo.

Propóngase desarrollar y espíritu afable. No estoy sugiriendo que tiene que estar de acuerdo con lo que todos dicen. Simplemente, estoy diciendo que usted no está obligado a corregirlos. Nadie le ha asignado a usted como el guardián de la verdad y la precisión sobre la tierra.

Una semana, cuando me estaba preparando para predicar sobre este mismo tema, estaba conversando con dos de mis hijos, y uno de ellos preguntó acerca de qué iba a predicar el fin de semana. Yo dije: "Voy a hablar de por qué no debemos tener un espíritu contencioso, lo que significa ser propenso a discutir y a contradecir a los demás". Luego, para apoyar, añadí: "Ya saben, ustedes dos tienen un problema en esa área de vez en cuando". ¿Su respuesta? Al mismo tiempo dijeron: "No, no lo tenemos".

Síntoma No. 10 – Esparcir pesimismo
El último pecado mortal en nuestra lista podría ser el más común de todos los pecados de la lengua. Es la *incredulidad*. Por supuesto, la fuente de toda incredulidad es el corazón. Pero, como ya hemos visto, si está en su corazón, invariablemente saldrá por su boca. Y tal como nos muestra este pasaje en Hebreos, la cura para la incredulidad también está en nuestra boca:

> Tened cuidado, hermanos, no sea que en alguno de vosotros haya un corazón malo de incredulidad, para apartarse

del Dios vivo. Antes *exhortaos* los unos a los otros cada día, mientras *todavía* se dice: Hoy; no sea que alguno de vosotros sea endurecido por el engaño del pecado (3:12-13, énfasis añadido).

Hay dos cosas en este pasaje: primero, la advertencia contra tener un "corazón malo de incredulidad", y segundo, el antídoto "exhortaos los unos a los otros cada día".

¿Cómo nos exhortamos unos a otros? Con la boca, por supuesto. Usted usa sus palabras para animar a otros.

La incredulidad es contagiosa, y se dispersa a través de la negatividad. Si usted tiene una lengua negativa, tiene un corazón incrédulo.

Yo he escuchado personas defender y justificar su negatividad de la siguiente manera, ¡presentándola como una virtud! Ellos dicen, "Bueno, ya sabes, estoy rodeado de toda esta gente positiva, de manera que ellos me necesitan como un factor de equilibrio". O, "mi esposa es tan optimista e idealista, alguien tiene que ser el realista en nuestra casa".

Este pensamiento es, sencillamente, racionalización y autojustificación por tener un corazón negativo e incrédulo. ¿Por qué tendría un creyente que ser negativo cuando Dios está en el trono y todas Sus promesas son "sí" y "amén" (vea 2 Corintios 1:20)?

Mi amigo, el pastor Jimmy Evans, dice: "La negatividad es simplemente el idioma del diablo hablado por aquellos que tienen la perspectiva de él". El idioma de Dios es la fe. Nada es imposible para Dios (vea Mateo 19:26). Dios nunca habla negativamente. Él habla verdad. Aun cuando Él habla verdad, la dice por fe, porque Él ve lo que podría pasar.

La fe no significa que usted no vea el problema. La fe significa que usted puede ver la respuesta más allá del problema. Usted no dice: "No hay problema". Usted dice: "¡Hay una respuesta!".

Por cierto, aquí es donde algunos en el movimiento de la fe fueron demasiado lejos. Nos dijeron que no deberíamos decir: "Estoy enfermo". Yo entiendo la intención de esta enseñanza. Pero el hecho es que usted puede evitar decir "estoy enfermo" todo el día y eso no va a hacer nada para ayudarle a mejorar. La fe dice: "es posible que esté enfermo, ¡pero Dios me está sanando!"

La fe se expresa cuando usted declara: "Sí, tengo un problema, pero Dios me está ayudando a superarlo. Estoy confiando en Dios. Creyendo sus promesas".

De principio a fin, la vida cristiana es acerca de la fe. La empezamos por fe (vea Efesios 2:8-9), y la vivimos por fe:

> Con Cristo he sido crucificado, y ya no soy yo el que vive, sino que Cristo vive en mí; *y la vida que ahora vivo en la carne, la vivo por fe en el Hijo de Dios*, el cual me amó y se entregó a sí mismo por mí (Gálatas 2:20-21, énfasis añadido).

Las palabras de incredulidad son peligrosas. Van contra la esencia misma de lo que significa vivir como un hijo de Dios.

· · · · · · · · · · · · · · · ·

Ahí los tiene, Los diez pecados mortales de la lengua. El pensar en esta lista conmigo pudo haber sido incómodo para usted, o hasta doloroso. Pero hacer este tipo de inventario profundo de sus palabras es precisamente lo que necesita si va a experimentar toda la victoria, el gozo y la bendición que Dios quiere que usted disfrute.

Tomemos la decisión de someter nuestra boca a Dios. Y en esas áreas del habla en las que tenemos malos hábitos, seamos responsables ante otros y corregibles por alguien en quien podamos confiar.

¡Ahora continúe leyendo! ¡Las buenas noticias están justo a la vuelta de la esquina!

CAPÍTULO CINCO

LA LENGUA PROBLEMÁTICA

*La diferencia entre la palabra correcta y la palabra casi
correcta es la diferencia entre un relámpago y una luciérnaga.*

MARK TWAIN

¿Sabía usted que la lengua del camaleón es el doble de largo que su cuerpo? ¿O que la lengua de la ballena azul pesa más que un elefante promedio? ¿Y qué hay del hecho de que la lengua humana es el músculo más fuerte del cuerpo humano?

Por supuesto, como hemos visto hasta este punto, el poder de la lengua humana va más allá de la simple fuerza física. Su verdadera fuerza descansa en su habilidad de producir palabras. A lo largo de este estudio hemos visto que las palabras importan muchísimo. Y ningún escritor en la Biblia refuerza más ese punto que Santiago.

El libro de Santiago es extraordinario por varias razones. La mayoría de los eruditos están de acuerdo que este Santiago en particular era el medio hermano de Jesús, lo que significa que escribe desde un punto de vista único. Al tener a Jesús como su hermano mayor, Santiago no solamente tuvo la oportunidad de observar a Jesús vivir e implementar los principios para complacer a nuestro Padre celestial, sino que además, ¡vio que esos principios funcionan!

La historia de la iglesia nos cuenta que Santiago fue el primer pastor de la primera iglesia incipiente en Jerusalén, lo que significa que él debió haber tenido un corazón de pastor. Estoy seguro que Santiago tenía el deseo de ver que la gente en su iglesia experimentara victoria en sus vidas. Y él sabía lo que necesitarían para superar las muy difíciles circunstancias que estaban a punto de enfrentar. Nosotros, obviamente, debemos prestar marcada atención a cualquier consejo que Santiago nos pueda ofrecer. Lea Santiago en un solo día y se sorprenderá con lo mucho que él enfatiza el poder de la lengua y la necesidad de usar las palabras con sabiduría. Los primeros tres capítulos de Santiago contienen el discurso más largo sobre la lengua en la Biblia. De hecho, un comentarista bíblico señaló que Santiago menciona 14 tipos diferentes de "lenguas", incluyendo lenguas engañosas, lenguas perversas, lenguas chismosas y lenguas saludables.[10]

¿Por qué es este tema en particular tan importante para Santiago? Creo que es porque él vio, al ser testigo de la vida y ministerio de Jesús, sencillamente cuán poderosas pueden ser las palabras. Todo esto llevó a Santiago a hacer una lista de cosas sorprendentes sobre la lengua. Pero la lista de él es mucho más seria que la que yo cité al principio de este capítulo. Así que exploremos algunas de las verdades sorprendentes sobre la lengua, listadas por Santiago, y por qué puede ser tan problemática a veces.

La lengua es desproporcionadamente poderosa

El tercer capítulo de Santiago empieza con una advertencia alarmante y una declaración extraordinaria:

> Hermanos míos, no os hagáis maestros muchos de vosotros, sabiendo que recibiremos un juicio más severo. Porque todos tropezamos de muchas maneras. Si alguno no tropieza en lo que dice, es un hombre perfecto, capaz también de refrenar todo el cuerpo, (versículos 1-2).

Esto ciertamente debería darle una pausa a cualquiera que aspire a ser maestro o predicador de la Biblia, pues Santiago advierte que él o ella estará sujeto a un mayor estándar. Él, incluso, continua relacionando el "juicio más severo", que el maestro o predicador recibirá, con el enorme poder de las palabras: "Porque *todos* tropezamos de *muchas* maneras" (énfasis añadido; creo que la mayoría de la gente diría *amén* a esta declaración). Pero luego Santiago dice algo sorprendente: "Si alguno no tropieza en lo que dice, es un hombre perfecto, capaz también de refrenar todo el cuerpo".

Al controlar nuestra lengua, podemos controlar nuestro cuerpo. ¡Qué concepto tan sorprendente! Si está buscando la dieta perfecta, ¡no busque más! Si tiene un problema con la adicción, ¡aquí está su respuesta! Si está luchando con la lujuria, ¡usted puede ser libre! Todo lo que necesita hacer es controlar su lengua.

Esto nos lleva a la primera de las verdades sorprendentes sobre la lengua indicada por Santiago: *Es desproporcionadamente poderosa*. La palabra operativa en esta declaración es "desproporcionadamente". En otras palabras, lo que Santiago está diciendo es que aunque la lengua es extremadamente pequeña en proporción al resto del cuerpo, tiene una influencia más profunda que cualquier otra parte del cuerpo. Este es un punto que Santiago, obviamente, quiere que entendamos, porque luego él continúa dándonos tres analogías vívidas ilustrando el poder desproporcionado de la lengua: (1) es como el freno que controla a un caballo; (2) es como el timón que controla a un barco; y (3) es como una chispa que tiene el poder para explotar en llamas y consumir un bosque completo.

La lengua es un freno

La primera analogía de Santiago compara la lengua con un freno o una brida en la boca de un caballo:

> Ahora bien, si ponemos el freno en la boca de los caballos para que nos obedezcan, dirigimos también todo su cuerpo (Santiago 3:3).

Esta analogía es una que realmente aprecio. Yo crecí teniendo caballos, así que comprendo cómo con una pequeña pieza de metal llamada bocado, usted puede controlar la fuerza superior de un caballo grande y dirigir a la criatura a donde usted quiera. En esencia, este versículo está diciendo que nuestra lengua

controla nuestra fuerza y dirección. Si vamos en la dirección
equivocada, es porque nuestra lengua nos guía hacia allá. Si no
tenemos la fuerza para cumplir las demandas de la vida, está directamente relacionado con las palabras que estamos diciendo.
Llevemos la analogía de Santiago un paso más allá. Piense
sobre cómo se comportan los caballos salvajes. El caballo está,
virtualmente, sin dirección, nunca va a ninguna parte en particular. Nunca llega a un destino específico porque no tiene nin-
guno. Un caballo salvaje no provee ningún servicio útil, tal como
llevar a una persona o carga a un lugar. Desde este punto de
vista, un caballo salvaje no tiene propósito, ni dirección y tampoco valor duradero.

Santiago insinúa que lo mismo es cierto en nuestro caso, ¡si
fallamos en controlar nuestra lengua! Es obvio, ¿verdad? Si no
controlamos nuestra lengua nunca alcanzaremos los propósitos
de Dios en nuestras vidas. Nunca experimentaremos el éxito verdadero y prolongado. En Santiago 1:26 este mismo concepto se
menciona en términos aún más fuertes: "Si alguno se cree religioso, [es decir, un siervo eficiente y que agrada a Dios], pero no
refrena su lengua, sino que engaña a su *propio* corazón, la reli-
gión del tal es vana".

¡Sorprendente! ¡Eso es cosa fuerte! ¿Es posible que haya cristianos que gastan mucho tiempo y energía trabajando para Dios,
pero debido a que no tienen control alguno sobre su lengua, son
realmente inútiles en el reino de Dios? Me temo que eso es precisamente lo que Santiago está diciendo. Necesitamos preguntarnos esto: *¿Estamos vagando sin destino como un caballo sin
freno? ¿Pensamos estar sirviendo a Dios, pero engañamos a
nuestro corazón? ¿Es nuestro servicio inútil?*

Santiago, valientemente, nos desafía a evaluar nuestras vidas,
y él usa la analogía del freno en la boca de un caballo para comunicar su punto certero. Nuestra lengua en verdad es desproporcionadamente poderosa. Ella puede ayudarnos a alcanzar el plan
y propósito de Dios para nuestras vidas, o puede mantenernos
corriendo sin destino, logrando poco o nada.

La lengua es un timón

En caso que la metáfora del caballo no conectara con algunos de sus lectores, Santiago usa otra ilustración para comunicar esta idea: un barco y su timón. Santiago 3:4-5 dice:

> Mirad también las naves; aunque son tan grandes e impulsadas por fuertes vientos, son, sin embargo, dirigidas mediante un timón muy pequeño por donde la voluntad del piloto quiere. Así también la lengua es un miembro pequeño, y *sin embargo*, se jacta de grandes cosas.

Si alguna vez ha estado en un crucero (o ha visto un barco grande), puede comprender fácilmente cuán desproporcionadamente pequeño es un timón en comparación con el barco. Cuando mi familia y yo fuimos en nuestro primer crucero hace varios años, ¡yo estaba impresionado con el tamaño del barco! Era como una ciudad flotante. Había tiendas, restaurantes, cines y hasta un centro de boliche. Era una embarcación enorme. Estábamos impresionados en ese entonces, pero ahora (con la tecnología hoy día) algunos barcos hacen alarde de pistas de patinaje en línea, muros de escalada, centros de internet, salas de juego de videos y pistas de patinaje sobre hielo.

El Titanic era más grande que muchos de los barcos cruceros modernos. Cuando fue construido, era el objeto móvil más grande jamás construido por el hombre. Tenía 269 metros de largo y se elevaba hasta 11 niveles de alto. Es difícil imaginar el tamaño de esa clase de barco. Pero lo que puede ser más difícil de conciliar es el hecho que un timón de solamente 24 metros de largo controlara la enorme embarcación.

Cuando pensamos en eso, es fácil reconocer cuán poderoso puede ser un pequeño timón. Sin embargo, Santiago dice que la lengua es así de desproporcionadamente poderosa también.

Al igual que un freno en la boca de un caballo controla la dirección de este, así el timón controla la dirección de un barco. ¿Cuán importante cree usted que es el timón de un barco durante el mal tiempo? Si sabe algo de navegación, usted sabe que es vital. Un barco debe ser puesto en la dirección del viento y de las olas durante una tormenta o volcará y se hundirá.

En la misma manera, cuando las tormentas ocurren en su vida, lo que usted dice es importante. Usted debe confrontar la crisis directamente pronunciando la Palabra de Dios, no verbalmente preocupándose acerca del peor escenario. Quizá una de las razones por la cual se volcó en una de sus tormentas de la vida, sea debido a su boca. Quizá se encontraba en una tormenta y su boca no lo colocó en la dirección correcta. Una gran ola vino y usted volcó.

Tal como hicimos con el freno del caballo, llevemos la metáfora de Santiago sobre el barco un poco más allá. Usted necesita un timón, no solamente cuando está navegando en una tormenta, sino también en buen clima. Imagine que usted y su familia han preparado un almuerzo para comer al aire libre y van camino al lago en un bello y soleado sábado por la mañana. Todos están emocionados de salir en el nuevo bote. Hay una brisa ligera, el agua está calmada y el clima es agradable y tibio, el día perfecto para navegar. Su familia sube abordo y se acomoda. Todos se ponen los salvavidas y ustedes zarpan.

Los niños gritan con deleite mientras la brisa infla las velas. Usted se va deslizando a una marcha constante durante un rato, disfrutando la experiencia. Adelante y a la derecha, nota una playa arenosa, agradable, que sería un buen lugar para almorzar. Allí es a donde quiere ir. Usted quiere mover el timón en esa dirección...pero no hay timón para llevarlo allí.

No solamente pasó el lugar perfecto, sino que pronto se dio cuenta que no hay manera de voltear el bote y regresar a casa. ¡No hay forma de llegar a su destino sin un timón! Está a merced del viento.

En Efesios 4:14 Pablo nos dice que los creyentes inmaduros son gente que se deja llevar por el viento de toda doctrina. De manera similar, la gente que no puede controlar su lengua, no puede controlar su vida.

Puede ser difícil imaginar que algo tan pequeño como su lengua, en realidad tenga el poder para determinar la dirección de su vida. Pero así es. Si usted va en la dirección correcta, es porque su lengua va en la dirección correcta. Si va en la dirección equivocada, es porque su timón, su lengua, está dirigida en la dirección equivocada. En otras palabras, lo que usted ha dicho en el pasado ha dado forma a la vida que experimenta hoy. Usted está viviendo sus palabras. *Lo que usted diga hoy, le guiará hacia su mañana.* ¡Hay destino en sus palabras!

La lengua es una chispa

Como analogía final para mostrar el poder desproporcionado de la lengua, Santiago compara la lengua con una chispa pequeña:

> Así también la lengua es un miembro pequeño, y *sin embargo*, se jacta de grandes cosas. Mirad, ¡qué gran bosque se incendia con tan pequeño fuego! Y la lengua es un fuego, un mundo de iniquidad. La lengua está puesta entre nuestros miembros, la cual contamina todo el cuerpo, es encendida por el infierno (Santiago 3:5-6).

Esta analogía es muy apropiada cuando usted piensa que algo tan pequeño y aparentemente insignificante como una chispa tiene la capacidad de destruir un bosque completo. Esta verdad la comprendí completamente cuando mi familia estaba de vacaciones en el parque nacional Yellowstone hace algunos años. Durante nuestra visita, vimos animales que uno ve solamente en el *Discovery Channel*, osos y manadas de búfalos, venados y alces americanos. No era difícil de imaginar a los tramperos del pasado merodeando en los arroyos de esas montañas en busca de las codiciadas pieles de castor. Grandes abetos, píceas y árboles de pino se destacaban sobre los bosques, y las Montañas Rocosas majestuosamente en el trasfondo. Las salvajes e indomables vistas eran imponentes.

Mientras conducíamos a través del parque, bebiéndonos este bello escenario y admirándolo por todo el camino, repentinamente, nos encontramos con una impresionante vista al llegar a la cima. Allí, frente a nosotros, había miles de acres de tierra chamuscada. No había nada más que tocones de color negro carbón en todo lo que los ojos alcanzaban a ver.

Con absolutamente nada de vida salvaje visible, esta área desolada era un contraste total con la tierra rebosante de vida que acabábamos de disfrutar. Y pensar que esta destrucción probablemente empezó con una chispa pequeña, chiquitita, posiblemente proveniente de un cigarrillo que fue lanzado de manera descuidada por la ventanilla de un carro. Basado en un reporte, se necesita aproximadamente 11 años para que un bosque vuelva a crecer después de un fuego tan devastador. Y muchas décadas pasarán antes de que esté verdaderamente restaurado.

Nuestra lengua sin control tiene el poder de crear devastaciones similares en nuestras vidas y en las vidas de los demás. Eso es aleccionador, ¿verdad? A menudo abrimos nuestra boca sin pensar en las consecuencias. Pensamos que lo que dijimos era poca cosa, solamente una chispa lanzada descuidadamente. Pero esta es la verdad: Esa pequeña chispa tiene el poder de causar una ruina masiva que puede sentirse por muchos años después.

El freno. El timón. La chispa. Cada analogía nos da una visión de lo primero que Santiago escribió sobre las verdades sorprendentes acerca de la lengua, la cual es desproporcionadamente poderosa. Pero, por supuesto, ¡hay más!

La lengua es mala de nacimiento

Santiago continúa con el incendiario tema del versículo anterior para traernos al segundo hecho sorprendente acerca de la lengua:

> Y la lengua es un fuego, un mundo de iniquidad. La lengua está puesta entre nuestros miembros, la cual contamina todo el cuerpo, es encendida por el infierno (Santiago 3:6).

Santiago nos dice que la *lengua es inherentemente mala*. En otras palabras, nuestra lengua es un problema desde el día de nuestro nacimiento. Piénselo: Nadie tiene que enseñarle a un niño a mentir, a decirle cosas malas a su hermana o a ser desconsiderado. Todo le sale muy naturalmente. Tan pronto como somos capaces de formar palabras, nuestra lengua está lista para meternos en problemas. Para usar el lenguaje de los programas de computadora, la posición predeterminada de la lengua humana es "mala".

Piense en sus años de adolescencia. ¿Cuáles son los recuerdos más marcados? Si usted es como la mayoría de la gente, sus recuerdos probablemente incluyan palabras hirientes o embarazosas que le fueron dichas por los demás. Por alguna razón, la maldad de la lengua humana parece encontrar su expresión total durante los años de la adolescencia. Sospecho que la razón para esto se debe a que, a medida que crecemos, los buenos modales y las restricciones sociales nos hacen refrenar la lengua un poco. Pero cuando tenemos 13 años, sencillamente dejamos volar las palabras.

Usted probablemente recuerde que, cuando era adolescente, le señalaban cruelmente todas sus diferencias físicas. Quizá usó anteojos o frenillos o fue más alto, más bajo, más delgado o era de mayor peso que la mayoría de las personas, y le señalaron cada una de esas cosas de manera creativa y no muy agradable.

Por ejemplo, cuando yo era adolescente, y esto podría ser difícil de creer para la gente que me conoce ahora, yo era el chico súper delgado de la clase.

"¡Oye, Robert!", me decían los chicos, "si te pones de lado y sacas la lengua, vas a parecer un cierre de pantalón".

"¡Oye, Robert! Apuesto a que tienes que dar vueltas bajo la regadera para poder mojarte".

"¡Oye, Robert! Aquí tienes un Cheerio. ¡Úsalo de hula-hula!".

Nunca me dieron la oportunidad de olvidar cuán diferente me veía. Usted probablemente tiene recuerdos vívidos de ese tipo de "estímulo" también. Yo creo que Wiston Churchill tenía esta clase de humor en mente cuando dijo: "Una broma es algo muy serio". Sin duda, una broma es extremadamente seria cuando la hacen a costa nuestra.

La lengua es humanamente indomable

Esto nos lleva a la tercera verdad sorprendente de Santiago: *La lengua es humanamente indomable.* Encontramos esto declarado en los próximos dos versículos:

> Porque todo género de fieras y de aves, de reptiles y de animales marinos, se puede domar y ha sido domado por el género humano, pero ningún hombre puede domar la lengua; es un mal turbulento y lleno de veneno mortal (Santiago 3:7-8).

¿Alguna vez se ha jurado a sí mismo nunca jamás volver a decir algo tonto otra vez? Yo he hecho ese juramento en muchas ocasiones; usualmente, después de haber metido la pata. Si como yo, usted ha hecho tal juramento de nunca más volver a decir cosas bobas de nuevo, sabe que ese es un voto imposible de cumplir. Claro, usando cada miligramo de la fuerza de voluntad que posee, podría ser capaz de dejar de decir cosas bobas por aproximadamente dos semanas. Sin embargo, he aprendido esta verdad científica por las malas: ¡Las tonterías se acumulan!

Permítame explicarlo. Según mi *exhaustiva investigación científica*, he aprendido que cada uno de nosotros tiene lo que yo llamo un "casillero de tonterías" interno. Cuando ese casillero se llena, explota. Cuando eso sucede, en un solo día una persona puede ponerse al día de todas las palabras malas que no dijo en las últimas tres semanas.

Santiago dice que ningún ser humano puede domar la lengua. Seis mil años de historia humana registrada portan la verdad de esta declaración. Y, tal como lo dice Santiago, la lengua no es solamente un mal, ¡es un mal turbulento! Es suficientemente nocivo el tener algo malo en casa y en el trabajo, pero ¿un mal turbulento? Bueno, ese es un verdadero problema.

La lengua es *humanamente* indomable. Esas son las malas noticias. Pero no todo está perdido. Las buenas noticias son que la lengua es *divinamente* domable. Aquél quien la hizo ¡puede domarla! (En el siguiente capítulo, veremos algunas de las formas en que Dios nos ayuda a domar nuestra lengua, y cuál es nuestro papel en el proceso).

La lengua es contrastantemente productiva

Continuemos con la cuarta verdad sorprendente sobre la lengua, la cual Santiago discute en los próximos versículos:

> Con ella [nuestra lengua] bendecimos a nuestro Señor y Padre, y con ella maldecimos a los hombres, que han sido hechos a la imagen de Dios; de la misma boca proceden bendición y maldición. Hermanos míos, esto no debe ser así. ¿Acaso una fuente por la misma abertura echa agua dulce y amarga? ¿Acaso, hermanos míos, puede una higuera producir aceitunas, o una vid higos? Tampoco la fuente de agua salada puede producir agua dulce (Santiago 3:9-12).

Casi puedo imaginarme a Santiago moviendo su cabeza en triste incredulidad mientras escribe esas palabras: "De la misma boca proceden bendición y maldición". Santiago nos da la cuarta verdad sorprendente: *La lengua es contrastantemente productiva.*

Una vez más, el adverbio es lo importante aquí, "contrastantemente". El punto es no solamente que la lengua es productiva, ciertamente lo es, pues puede producir fruto y cosas que durarán por mucho tiempo, sino que es *contrastantemente* productiva. La lengua es antinatural. Puede hacer cosas que la naturaleza no puede.

Ningún árbol puede producir dos clases de fruto. Una higuera solamente produce higos. Una viña solamente produce uvas. Si la viña produjera higos, o la higuera produjera uvas, eso sería raro. Antinatural. De la misma manera, un manantial no puede tener tanto agua salada como dulce saliendo de la misma abertura. Sin embargo, eso es exactamente lo que la lengua puede hacer. De nuestras naturalezas caídas, la lengua puede producir tanto bendición como maldición, ¡algunas veces en el mismo respiro! Y, tal como Santiago lo señala, ese maldecir es usualmente dirigido

a la gente, gente amada por Dios y hecha a su imagen. La gente
que Jesús amó tanto que entregó su vida por ella.

Eso es antinatural, dice Santiago. Pero, ¿antinatural para
quién? ¡Antinatural para los hijos de Dios! Eso es lo que el Espíritu Santo, escribiendo por medio de Santiago, está diciendo:
"Hermanos y hermanas, ahora ustedes son creyentes. ¡Dejen de
hacer eso! No permitan que la misma boca que en un momento
bendice y alaba a Dios, sea utilizada para maldecir y denigrar a
un valioso hermano santo el momento siguiente. Esto es antinatural. Simplemente, no debería ser así".

Pronunciar vida

Santiago nos ha dado cuatro verdades sobre la lengua para que
meditemos: La lengua es (1) desproporcionadamente poderosa,
(2) inherentemente mala, (3) humanamente indomable, (4) contrastantemente productiva. Unidas, estas cuatro verdades nos
llevan a una verdad central acerca de nuestras palabras:

> Muerte y vida están en poder de la lengua, y los que la
> aman comerán su fruto (Proverbios 18:21).

¡Sorprendente! Yo creo que ese es uno de los versículos más
sorprendentes de la Biblia. "Muerte y vida están en el poder de
la lengua". Nuestras palabras no solamente impactan nuestra
propia vida (para bien o para mal), ¡sino que nuestra lengua
misma también tiene el poder de la vida y la muerte! Debido a
que fuimos creados a la imagen de Dios, quien habló con poder
creador, nuestras palabras tienen poder. Por esta razón es tan
importante que comprendamos lo que Santiago está tratando
de decirnos acerca de nuestra lengua. Por eso es tan importante
para nosotros aprender a controlar nuestra lengua.

Durante cinco capítulos ya, he estado poniendo presión
sobre áreas muy sensibles en usted y dándole noticias malas y
difíciles sobre cuánta muerte y destrucción nos está trayendo
a nosotros mismos y a los demás nuestra lengua fuera de control. Es tiempo de recibir buenas noticias, así que permítame

ofrecerle algunas: Aunque la muerte está en el poder de la lengua, ¡la vida también lo está!

La vida está en el poder de la lengua, ¡*en su lengua*! La vida que usted necesita en su matrimonio está en su lengua. La vida que su cuerpo necesita está en su lengua. Y por favor comprenda esto, la vida que sus hijos necesitan está en su lengua. Si tiene un hijo alejado de Dios, la vida que ese hijo necesita está en su lengua. ¿Por qué diría usted: "Tengo un hijo terco y cabeza dura, que probablemente nunca se va a rendir a Dios"?

No pronuncie maldiciones sobre sus hijos. En vez de eso, diga esto: "Tengo un hijo de carácter fuerte, y si usted lee la Biblia, esos son los que llegan a ser los mejores discípulos. Una vez esa voluntad se rinda a Dios, ¡ninguna presión externa podrá moverlo!"

En este capítulo hemos visto cómo el poder del infierno quiere controlar su lengua. Escúcheme, Satanás quiere ocupar su boca. ¿Por qué? Porque él quiere quemar el destino que Dios le ha dado a usted y a aquellos alrededor suyo. Por esa razón, el tema fundamental de este libro es: Deje de pronunciar muerte. ¡Empiece a pronunciar vida!

¿Qué significa "pronunciar vida"? Cuando estaba preparando el material que resultó en este libro, le pedí al Señor un ejemplo para ilustrar este punto. Oré: "Señor, dirígeme hacia un ejemplo de alguien que haya pronunciado vida sobre una situación sin esperanza y visto a ésta cambiar radicalmente". Pensé que Él podría dirigirme hacia una de las grandes figuras Bíblicas, o quizá a una de las personas famosas de la historia de la iglesia. Pero cuando el Espíritu Santo realmente trajo a esa persona a mi mente, empecé a llorar.

El ejemplo más grande de esto, que yo haya visto jamás, es mi esposa Debbie.

Hace años, cuando yo todavía era un sabelotodo egoísta y arrogante, ella empezó a decir cosas como:

"Robert es un gran esposo".

"Robert es un buen hombre".

"Robert es un padre excelente".

"Robert es un buen proveedor".

"A Robert le encanta la gente y quiere ayudarla".

"Robert es un gran hombre de Dios".

Ella decía cosas como esas todo el tiempo. Y por favor comprenda, cuando ella empezó a decir esas cosas, pocas de ellas remotamente eran verdad. De hecho, había suficiente evidencia de lo contrario.

Debbie no estaba mintiendo. Ella no lo estaba negando. Ella, sencillamente, estaba pronunciando vida para mí y sobre mí, constantemente. Y hoy día, todas esas cosas están mucho, mucho más cerca de ser ciertas. No he llegado todavía. Todavía soy una obra en proceso. Pero, ah, qué lejos hemos llegado.

Por esa razón empecé a llorar cuando el Espíritu Santo me dirigió a este brillante ejemplo, justo enfrente de mí. He tenido a alguien que me ama y que ha pronunciado vida sobre mí por más de 25 años ya. Y soy un hombre cambiado. Ese es el poder de las palabras de vida.

Ese es el poder de su lengua.

CAPÍTULO SEIS

DOMAR LA LENGUA

¿Sabe que usted no ha dejado de hablar desde que vine?
¡Deben haberlo vacunado con una aguja de fonógrafo!
GROUCHO MARX, DUCK SOUP

Probablemente no le suene familiar el nombre de Antoine Yates, pero hace algunos años, él experimentó sus 15 minutos de fama. Según el reporte de las noticias, el Sr. Yates había sido hospitalizado por ser atacado por su mascota, un tigre llamado "Ming".

Ming era una mezcla de tigre siberiano y de Bengala que pesaba 400 libras, y que Yates había criado desde cachorro...en su apartamento en la ciudad de Nueva York. Así es. El hombre estaba viviendo en un apretado apartamento de Nueva York con un tigre completamente desarrollado. A este punto, usted tal vez esté cuestionando el buen juicio del Sr. Yates.

Bueno, hay otro detalle de esta historia que no he mencionado. Cuando la policía llegó al apartamento del Sr. Yates para sedar y llevarse al tigre, ellos primero tuvieron que lidiar con la *otra mascota* del Sr. Yates, un lagarto de más de metro y medio (cinco pies) de largo. Yo diría que el Sr. Yates necesita que alguien escoja sus mascotas por él.

Algunos animales son fáciles de domesticar. Otros pueden ser entrenados y controlados con alguna dificultad. Pero algunos definitivamente no pueden ser domados. Probablemente nunca ha visto a un escorpión entrenado siendo jalado de una cadena. Y dudo que alguna vez vaya a encontrarse en *Seaworld* viendo a un joven biólogo, sonriente, vestido con un traje de agua, montando al gran tiburón blanco.

Pero entre todas las cosas vivas, activas sobre la tierra, es posible que no haya nada tan salvaje, impredecible y peligroso como la lengua humana. Sencillamente, no está dentro de nuestras habilidades el domarla. Tal como vimos en el capítulo anterior, el libro de Santiago confirma esto:

> Porque todo género de fieras y de aves, de reptiles y de *animales* marinos, se puede domar y ha sido domado por el género humano, pero ningún hombre puede domar la lengua; *es* un mal turbulento *y* lleno de veneno mortal (3:7-8).

Entonces, ¿cuál es el punto, Robert?, podría pensar usted. *Si es imposible domar mi lengua, ¿para qué estoy leyendo este libro?* ¡No pierda las esperanzas! Note que dijo que domarla no está en *nuestras* habilidades. Domar la lengua no es humanamente posible, pero la buena noticia es que Dios no es humano. Él *puede* domar la lengua. Después de todo, Dios creó la lengua, y Él escribió el manual del usuario. Él sabe cómo hacer la obra. Él dice muy claramente en Éxodo 4:10-12, donde leemos este extraordinario intercambio entre Dios y Moisés:

> Entonces Moisés dijo al Señor: Por favor, Señor, nunca he sido hombre elocuente, ni ayer ni en tiempos pasados, ni aun después de que has hablado a tu siervo; porque soy tardo en el habla y torpe de lengua. Y el Señor le dijo: ¿Quién ha hecho la boca del hombre? ¿O quién hace *al hombre* mudo o sordo, con vista o ciego? ¿No soy yo, el Señor? Ahora pues, ve, y yo estaré con tu boca, y te enseñaré lo que has de hablar.

Aunque he leído el libro de Éxodo muchas veces, hay una frase extraordinaria en este pasaje que yo nunca había notado hasta hace poco. Moisés le dijo a Dios: "No soy elocuente", con lo cual Moisés quería decir "No tengo una lengua domada". Pero note que Moisés continúa diciendo que este era el caso tanto *antes* como *después* que Dios le habló en la montaña.

Esto es algo con lo cual, definitivamente, me puedo identificar. Yo tenía un problema con mi lengua antes de venir a Cristo, ¡y seguí teniendo un problema con mi lengua después de conocerlo! Por esa razón es una gran emoción leer la respuesta de Dios. El Señor básicamente le dice a Moisés: "¿Quién hizo tu boca, hijo? Yo soy quien puede hacer ver al ciego y hasta que el mudo hable. ¡Así que anda! Yo estaré con tu boca. Yo te enseñaré qué decir".

Qué promesa tan sorprendente directamente de los labios de Dios: "Yo estaré con tu boca". Me encanta el hecho de que Dios puede estar con nuestra boca cada momento de cada día para enseñarnos qué decir. Nosotros no podemos domar nuestra lengua, pero podemos someter nuestras palabras al Señor y dejar que Él las dome.

En el libro de Marcos encontramos un versículo que confirma cómo el Espíritu Santo puede llenar nuestra boca con las palabras correctas. Jesús estaba hablándoles a los discípulos antes de enviarlos a testificar. Él dijo:

> Y cuando os lleven y os entreguen, no os preocupéis de antemano por lo que vais a decir, sino que lo que os sea dado en aquella hora, eso hablad; porque no sois vosotros los que habláis, sino el Espíritu Santo (Marcos 13:11).

Aquí vemos que el Espíritu Santo puede darnos las palabras correctas para decir. Quizá usted haya experimentado esa situación precisa al hablar con una persona con una gran necesidad en su vida. Repentinamente, usted puede decirle las palabras correctas a esa persona; usted lo sabía en su espíritu y lo sabía debido a la reacción de la persona. Y usted le agradeció a Dios, porque nunca pensó en esas palabras antes.

No, usted no puede domar su lengua, pero Dios sí puede cuando usted la sujeta a Él. Y el agente que Dios usará para hacerlo es el Espíritu Santo. En un capítulo próximo, voy a entrar en detalle acerca de cómo librar por completo el poder del Espíritu Santo en su vida. Pero por ahora, sepa que cuando Dios el Espíritu Santo empieza a obrar con poder en su vida, como lo hizo en las vidas de hombres y mujeres del Nuevo Testamento, el primer lugar donde Él comenzará a trabajar es en el campo de sus palabras.

Yo someto mi lengua a Dios el Espíritu Santo todos los días. Y cada día Él me ayuda a domar lo indomable.

Refrenar la lengua

Como pastor, me encanta oír de los miembros más pequeños de mi congregación. Y a menudo, las cosas que ellos dicen y escriben son muy divertidas. Como decía un programa de televisión, ¡los niños dicen las cosas más insólitas! Por ejemplo, hace algún tiempo recibí una carta de un niño en mi iglesia invitándome a una noche de reconocimiento a pastores en su escuela. Decía así:

Querido pastor Robert:

Por favor, venga a nuestra Noche de Reconocimiento a Pastores. Vamos a tener espagueti y cobijas.

Espagueti y cobijas, ¿sí? Bueno, esa es una oferta sencillamente muy tentadora para dejarla pasar. Espagueti, sí. Cobijas, por supuesto. Pero espagueti y cobijas ¿juntos? ¿A qué hora quieres que llegue? Ah, y él agregó una notita al final de su carta:

P.D. Por favor, venga. Es lo único por lo que sigo viviendo.

¡Ah, y también tiene un estilo dramático! Como predicador, respeto eso. Por supuesto, el chico llegará a ser más diestro con su lenguaje a medida que crezca. Y en la misma forma, cuando nos sometemos a Dios y le dejamos transformar nuestra vida, creceremos en nuestro control sobre nuestra lengua y el uso constructivo de ella.

Eso es lo que quiero que vea ahora mismo. El hecho de que Santiago nos dice que ninguna persona, en su propio poder, puede domar la lengua, no significa que no seamos responsables por nuestras palabras. No podemos simplemente decir: "Bueno, es una causa perdida, así que solo voy a continuar y decir lo que me plazca. Espero que un día Dios aparezca y la dome por mí".

La verdad es: nosotros podemos, y debemos, cooperar con Dios en este proceso. Es muy posible permitirle al Espíritu Santo domar nuestra lengua. Por supuesto, es importante reconocer que el dominar nuestras palabras será un *proceso*, no será algo que podremos lograr de la noche a la mañana. Así como cuando éramos jóvenes y tuvimos que crecer y progresar en nuestro uso del idioma español, tendremos que crecer y progresar en el dominio sobre nuestra lengua.

Recuerde que una de las metáforas que Santiago usó es la de un freno en la boca de un caballo. Le desafío: Vaya y atrape un caballo Mustang salvaje en las planicies del oeste de Texas y ponga el bocado del freno en la boca del caballo. ¿Se volverá el caballo domado instantáneamente? ¿Su comportamiento y su lenguaje corporal indicarían que él piensa: *"Oye, dónde había estado esto toda mi vida? Este metal frío se siente maravillosamente aquí en mi boca. ¡Muchas gracias!"*? Jamás en la vida. De hecho, ese caballo luchará al principio. Pero con el tiempo, aprenderá a aceptar el freno y a responder a él. Primero viene el freno, y luego, el domarlo. Y toma tiempo.

Lo que estoy sugiriendo es que cuando empecemos a refrenar nuestra lengua, no la vamos a encontrar instantáneamente domada y bajo control. Va a tomar un tiempo. Y, finalmente, será el poder y la gracia de Dios lo que domará su lengua. Pero para que eso suceda, primero debemos aprender a *refrenarla*. ¿Por qué? Porque Dios nunca va a anular nuestra libertad de escoger. Puesto de otra forma, el poder y la fuerza humana por sí solos nunca podrán domar el poder destructivo de la lengua, pero cuando escogemos cooperar con Dios, entonces es posible.

Por consiguiente, *nosotros* somos responsables de refrenar nuestra lengua. Y creo que el Señor me ha mostrado tres cosas muy prácticas que podemos hacer para alcanzar este paso vital. Piense en ellas como las tres piezas para refrenar su lengua efectivamente.

1. Deténgase un momento

La primera pieza esencial de tal freno es cultivar la habilidad de *detenerse*. Me refiero a la rara habilidad de esperar y no decir nada por un momento mientras contemplamos el efecto de las palabras que estamos a punto de decir. No es fácil. He visto gente que literalmente se tapa la boca con las manos en un esfuerzo de evitar que las palabras salgan volando. Por algo tenemos el dicho: "muérdase la lengua".

El *detenerse* significa simplemente no decir nada hasta que sepamos con precisión qué debemos decir. He conocido personas que sospecho que creen que el mundo dejará de girar si hay algún momento de silencio en el aire. Ellos sientes que tienen que seguir hablando. Pero le aseguro que está bien el tener un momento de silencio considerado en una conversación. Está bien el simplemente hacer una pausa.

Vuelva a pensar en las palabras de Proverbios 18:21: "Muerte y vida están en poder de la lengua". Si las palabras verdaderamente ostentan el poder de la vida y la muerte, y así lo es, ¿no deberíamos usted y yo hacer una pausa antes de permitir que nuestras palabras vuelen hacia los corazones de la gente con quien vivimos, trabajamos y adoramos? ¿Es tan extraño tomar tan solo un momento? Porque, nos guste o no, estamos hablando ya sea vida o muerte.

Santiago 1:19 nos dice: "Pero que cada uno sea pronto para oír, tardo para hablar, tardo para la ira". Si alguna vez tuvo problemas con la ira, aquí está la clave para mantener su temperamento bajo control: Si quiere ser lento para la ira, sea lento para hablar y pronto para oír. ¿Se da cuenta que la mayoría de nosotros lo hace al revés? La mayoría de nosotros somos lentos para oír y prontos para hablar.

El expresidente de los Estados Unidos, Calvin Coolidge, era famoso por ser un hombre de pocas pero bien escogidas palabras. Se dice que una vez un reportero lo detuvo cuando iba de salida del servicio dominical de la iglesia y le gritó: "Oiga, Sr. Presidente. ¿Qué le pareció el servicio hoy?"

"Bien", respondió Coolidge.

"¿De qué predicó el ministro?"

"Del pecado".

"Bueno, ¿qué dijo acerca de eso?", insistió el reportero.

"Él estaba en contra".

En otra ocasión, el Silencioso Cal (como llegó a ser conocido), estaba en una cena en la Casa Blanca. Estaba sentado junto a una dama bastante ruidosa y parlanchina, quien, con el tiempo, se dio vuelta y le dijo: "¡Mi esposo me apostó que yo no podría hacer que usted dijera tres palabras esta noche!". Coolidge, supuestamente se volteó hacia ella después de un momento, y simplemente dijo: "Usted pierde".

Ahora, el presidente Coolidge posiblemente llevó este principio al extremo. No estoy hablando de ser rudo o poco comunicativo. Pero el hacer una pausa para pensar en nuestras palabras antes de decirlas es, definitivamente, un principio bíblico. Por ejemplo, Proverbios tiene mucho que decir sobre el tema. (De hecho, los tres grandes temas del libro de Proverbios son nuestros valores morales, nuestro dinero y nuestra boca).

Por ejemplo, en Proverbios 21:23, leemos: "El que guarda su boca y su lengua, guarda su alma de angustias". Ese podría ser un excelente versículo para memorizar. Tenemos que decir eso cada mañana. Note que dice "el que guarda su boca". En otras palabras, es *nuestra* responsabilidad guardarla.

Otra joya de Proverbios 10:19 declara: "En las muchas palabras, la transgresión es inevitable". La frase "en las muchas palabras" significa que hablamos mucho y entonces pronunciamos muerte. La transgresión no falta cuando hacemos eso. Pero la frase siguiente en este versículo declara que: "mas el que refrena sus labios es prudente". Es decir, hay sabiduría en usar el principio de la pausa. Y una vez más, vemos que la responsabilidad es nuestra. No todo le toca a Dios. Somos responsables por lo que decimos.

Para quitar toda duda que quede sobre si aprender a hacer una pausa antes de hablar lleva el sello de aprobación de Dios, permítame ofrecerle un versículo más: "El que retiene sus palabras tiene conocimiento, y el de espíritu sereno es hombre entendido. Aun el necio, cuando calla, es tenido por sabio", (Proverbios

17:27-28). Lo que está diciendo este versículo es que si somos inteligentes, todos cultivaremos un poco de Calvin Coolidge en nuestros hábitos del habla.

Mi padre solía citarme su versión personal de la última parte de este versículo. Él acostumbraba a decir: "Hijo, si simplemente cerraras tu boca de vez en cuando, la gente podría al menos *pensar* que eres inteligente". Él no estaba siendo antipático. Él estaba tratando de ayudarme sinceramente. ¡Y estaba en lo correcto! Mark Twain lo dijo de esta manera: "Es mejor tener la boca cerrada y parecer estúpido que abrirla y disipar la duda".

Permítame presentarle mi propia paráfrasis, versión del este de Texas, del versículo que acabamos de examinar: ¡Cállese de vez en cuando y todo le irá mejor!" Si usted tiene problemas diciendo lo que no debe, en el momento equivocado (como lo hacía yo de joven), hay algo que me gustaría que intentara. Trate de decir *nada*. Deténgase y no diga nada. Sólo cierre su boca.

En otras palabras…haga una pausa.

Esta es una de las trampas en las que caigo con frecuencia: Cuando alguien me está hablando, empiezo a pensar acerca de lo que voy a decir como respuesta. Pero en el momento que empiezo a enfocarme en lo que quiero decir, dejo de escuchar verdaderamente a la otra persona. Esto, por supuesto, puede llevar a algunos momentos vergonzosos. A menudo, la persona que me está hablando dice repentinamente algo como: "Bueno, ¿cómo manejarías eso, Robert?". Mi respuesta tartamuda, cautelosa e incoherente rápidamente expone el hecho de que yo no estaba escuchando en realidad. Creo que Leo Buscaglia tenía en mente este fenómeno cuando dijo: "La mayoría de las conversaciones son solamente monólogos que se alternan. La pregunta es, ¿está verdaderamente alguien escuchando?".

Haga una pausa. Es la primera clave para refrenar la lengua.

2. Piénselo un poco

Una vez que hayamos hecho una pausa antes de hablar, estamos listos para seguir con el próximo paso para refrenar la lengua exitosamente: *reflexionar*.

Básicamente, hay tres tipos de personas en el mundo: (1) Aquellos que piensan *antes* de hablar; (2) Aquellos que piensan *mientras* hablan; y (3) Aquellos que piensan *después* de hablar. (Habiendo escrito eso, ahora me doy cuenta que posiblemente haya un cuarto tipo: Aquellos que solo hablan y *nunca* piensan. Yo he conocido a algunos de ese tipo a lo largo de los años). ¿Cuál tiene usted la tendencia a ser? Cuando la gente le describe a usted, dice: "¿Sabes lo que me gusta de ella? Siempre piensa antes de hablar. Nunca habla de más". ¿Es eso lo que la gente dice de usted? ¿O tiende usted a pensar *mientras* habla, evaluando y pensando sus palabras mientras salen de su boca, con frecuencia notando después que lo que dijo fue hiriente, insensible o inapropiado?

No importa qué tipo de patrón haya seguido en el pasado, usted puede cambiar. Usted puede entrenarse a sí mismo a pensar antes de hablar.

Tengo un amigo a quien aprecio, uno de los ancianos de la iglesia que pastoreo, a quien llamo con frecuencia para pedirle consejos, hacer una consulta o simplemente para escuchar su perspectiva. A lo largo de los años, él ha demostrado ser extremadamente sabio y tener discernimiento. Mientras escribía este capítulo, me di cuenta que mi amigo nunca respondía mis preguntas de manera inmediata. Invariablemente, cuando le hago una pregunta, él responde: "Está bien, Robert, entiendo tu pregunta. Déjame pensar en eso por un rato y luego te llamo". Él simplemente no me da una respuesta improvisada, sino insiste en tomarse la oportunidad de pensar antes de hablar. Quizá es por eso que él es conocido por su sabiduría, y la razón por la que continúo buscando su consejo.

Todos podemos ser un poco más como mi sabio amigo si, a propósito, escogemos ser personas que reflexionan en lo que dicen antes de decirlo.

Si escogemos ser personas que primero hacen una pausa y luego reflexionan. El hacer estas dos cosas nos colocará en posición para usar la tercera clave para refrenar la lengua.

3. Recurra a una autoridad superior

Apuesto que usted ya anticipó el siguiente elemento. Después que usted hace una pausa y reflexiona, pero antes de que hable, es tiempo de *orar*.

El sexto capítulo de Isaías nos proporciona información acerca del por qué esto es tan importante. En ese pasaje de la Escritura, Isaías acaba de ser llevado al trono del cielo y ha visto lo que ningún otro ser humano ha visto antes, la gloria de la angelical hueste celestial alrededor del trono de Dios. Isaías describe esta experiencia como sigue:

En el año de la muerte del rey Uzías vi yo al Señor sentado sobre un trono alto y sublime, y la orla de su manto llenaba el templo. Por encima de Él había serafines; cada uno tenía seis alas: con dos cubrían sus rostros, con dos cubrían sus pies y con dos volaban. Y el uno al otro daba voces, diciendo: "Santo, Santo, Santo, es el Señor de los ejércitos, llena está toda la tierra de su gloria". Y se estremecieron los cimientos de los umbrales a la voz del que clamaba, y la casa se llenó de humo (Versículos 1-4).

Una gran experiencia, ¿verdad? Pero lo que quiero que note es la reacción de Isaías a su encuentro con el maravilloso Rey del universo en el versículo siguiente:

Entonces dije: "¡Ay de mí! Porque perdido estoy, pues soy hombre de labios inmundos y en medio de un pueblo de labios inmundos habito, porque han visto mis ojos al Rey, el Señor de los ejércitos" (versículo 5).

¿Cuál fue la valiente reacción inicial de Isaías al ver el resplandor completo de la santidad de Dios? ¡Repentina y dolorosamente tuvo consciencia de sus palabras! Fue redargüido acerca de su boca. Y no solamente para él, ¡sino para la nación completa! En la Nueva Versión Internacional de la Biblia, las palabras de Isaías se presentan así:

Entonces grité: "¡Ay de mí, que estoy perdido! Soy un hombre de labios impuros y vivo en medio de un pueblo de labios blasfemos, ¡y no obstante mis ojos han visto al Rey, al Señor Todopoderoso!".

Ahora, vea lo que pasa en los siguientes dos versículos:

En ese momento voló hacia mí uno de los serafines. Traía en la mano una brasa que, con unas tenazas, había tomado del altar. Con ella me tocó los labios y me dijo: "Mira, esto ha tocado tus labios; tu maldad ha sido borrada, y tu pecado, perdonado" (Versículos 6-7, NVI).

Mantenga en mente que Isaías tuvo esta experiencia 700 años antes de que Jesús llegara para expiar los pecados de la humanidad. Sin embargo, aquí tenemos un presagio de la salvación que Jesús pondría a disposición de cada uno de nosotros. Isaías tiene un encuentro con Dios, es redargüido de su pecado, y luego se le ofrece limpiarlo a través del fuego del sacrificio. Ese carbón encendido simbolizaba al único que puede quitar la iniquidad, Jesús. Él es el único.

Algo más vino a mi mente cuando estaba leyendo acerca de este angelical toque del fuego de Dios. Me di cuenta que yo necesito ese toque cada mañana. No estoy hablando acerca de ser salvo una y otra vez; sino que hablo acerca de entrar a la presencia de Dios cada mañana para que Él toque mis labios. ¿No sería maravilloso tener un Dios santo que santifique nuestros labios para que podamos dejar de pronunciar muerte sobre la gente en nuestra vida y en su lugar pronunciemos vida sobre ellos? Sí podemos. Puede suceder al conectarnos con la presencia de Dios en oración.

Me pasó por primera vez la noche del 16 de febrero de 1981, en el Cuarto No. 12 del Motel Jake's en Kentucky. Yo era un joven de 19 años que estaba totalmente atado en inseguridad, rechazo y orgullo. Un amigo mío evangelista, quien estaba tratando de ayudarme a organizar las cosas, dijo: "Robert, tal vez tú nunca le has entregado tu inseguridad a Dios en la cruz". Ante estas palabras, el Espíritu Santo laceró mi corazón con convicción de culpa. "Tal vez nunca he entregado nada sobre la cruz", respondí. "No creo haber rendido completamente mi vida a Cristo antes". Mi amigo tenía que prepararse para una reunión esa noche, así que dijo: "Bueno, te voy a dejar arreglar eso con el Señor". Y se fue.

A solas con Dios, en ese viejo cuarto de motel, hice esta oración: "Dios, solo quiero que comprendas a quién estás recibiendo en este trato. Estás recibiendo a una persona inmoral. Estás recibiendo a un mentiroso. Estás recibiendo a una persona deshonesta. Estás recibiendo a una persona egoísta. Y tienes que saber algo más. Yo no puedo cambiar. Lo he intentado toda mi vida. He intentado hacer lo correcto y no puedo. Pero si me quieres, puedes tenerme".

No de manera audible, pero en una voz, no obstante, clara e inconfundible en mi corazón, Dios me dijo en respuesta: "Te quiero y puedo cambiarte". En ese momento fue como si Dios hubiera extendido su mano y me hubiera levantado, como cuando usted levanta a un bebé. Luego dijo: "De ahora en adelante me perteneces. Y te haré más de lo que puedes soñar".

Dios cambió mi corazón ese día. No es exageración el decir que desde ese momento en adelante, las cosas nunca fueron igual. Y en muchos dulces encuentros subsecuentes con mi Padre celestial, tuve un carbón de las llamas de Su amor tocando mis labios impuros y haciéndolos aptos para hablar de su amor a todo el mundo que Él anhela ayudar y sanar. La Biblia nos dice que Dios nos ha dado un nuevo corazón, que debemos deshacernos del viejo hombre y ponernos el nuevo.

Haga una pausa. Reflexione. Y luego, ore. Tómese un tiempo antes de hablar y permita que su corazón convertido y la nueva persona dentro de usted, le indiquen qué decir.

Cortar el árbol de la amargura

Antes de que dejemos esta discusión, permítame mencionar otro paso importante en este proceso: el perdón. Hay solo un puente a la restauración y la sanidad, y ese puente es el perdón. Es la única forma de librarse de las palabras malas.

Si usted ha pronunciado palabras de muerte en lugar de

vida sobre la gente, necesita buscar el perdón. Si alguien ha pronunciado esas palabras sobre usted, necesita otorgar perdón (aun si el ofensor no se lo ha pedido). Esta verdad es extremadamente importante.

Espere un minuto, Robert, podría usted estar pensando en este punto. ¿Está, realmente, sugiriendo que yo necesito perdonar a personas que ni siquiera han reconocido que me hirieron? Eso es exactamente lo que estoy sugiriendo. Si alguien le ha dicho palabras malas a usted, necesita perdonar a esa persona aun si él o ella nunca le piden perdón. Si usted no está dispuesto a perdonar a alguien porque él o ella nunca se ha arrepentido o pedido que le perdone, está permitiendo que un árbol crezca dentro de usted. Y ese árbol va a producir el fruto de la amargura. La única manera de cortar ese árbol malo es por medio del perdón.

Todo fruto tiene semillas, y esas semillas tienen el potencial de crear más árboles. Muchos de ellos. Si el fruto de la falta de perdón está en usted, ese fruto contiene semillas que tienen el potencial de producir un bosque de amargura completo, a lo largo del tiempo. Creo que es interesante notar que cuando Juan el Bautista apareció en la escena y le dijo a la gente: "arrepentíos porque el reino de los cielos se ha acercado" (Mateo 3:2), también dijo:

> Y el hacha ya está puesta a la raíz de los árboles; por tanto, todo árbol que no da buen fruto es cortado y echado al fuego (Versículo 10).

Note que cuando Juan habló con la gente acerca del arrepentimiento, él básicamente dijo que hay algunos árboles que van a tener que ser cortados. El perdón es la única herramienta que puede cortar árboles de amargura y ofensa. El perdón es el hacha.

El tema de cortar árboles me recuerda de un tiempo, al principio de mi ministerio, cuando estaba desesperado por encontrar lugares donde predicar y enseñar. Aprovechaba cualquier oportunidad, no importaba cuán pequeña era la iglesia o cuán lejos quedaba. Algunas veces, las direcciones a estas maravillosas iglesias eran un poco inusuales, pero nunca tanto como la de una ocasión en particular.

El pastor de una iglesia rural me dio la siguiente dirección: "Diríjase hacia el este, fuera del pueblo y cruce a la izquierda donde el antiguo roble solía estar. Vaya hacia el norte, aproximadamente una milla. Va a cruzar un puente. Cuando cruce ese puente, dos grandes perros van a perseguir su vehículo. Cuando dejen de perseguirlo, voltee a la derecha, y verá la iglesia adelante, a su izquierda".

Por supuesto, lo primero que me pregunté fue: *¿Cómo sé donde solía estar el antiguo roble? ¿Hay algún tocón? ¿Hay ardillas de luto? ¡Yo no sé!* Pero uno nunca sabe, ¡el resto sucedió tal como él lo describió! Al momento que cruzamos el puente, dos perros empezaron a perseguir nuestro vehículo. Después de unos cuantos cientos de metros, los perros se cansaron y regresaron. En ese momento, el camino a la iglesia apareció a nuestra derecha.

Permítame darle unas direcciones que son un poco más claras. Si usted ha pronunciado palabras malas, ha plantado árboles malos que van a dar fruto a menos que los corte. Y la única forma de cortarlos es con el hacha del arrepentimiento y el perdón.

Usted debe pedir, y otorga, perdón. Su papá pudo haberle dicho algo tremendamente doloroso hace 50 años, pero si usted no lo ha perdonado, todavía tiene un árbol que produce fruto malo en su vida. Y ha estado produciendo ese fruto malo durante 50 años. Sólo perdónelo. Ponga el hacha contra la raíz de ese árbol.

La permanencia de las palabras

Permítame concluir este capítulo con algunas buenas noticias acerca de la lengua. De la misma manera en que las palabras malas son poderosas y persistentes, las palabras buenas lo son aún más. Las palabras buenas duran y tienen un poder enorme para ayudar, sanar, animar y restaurar. Cuando aprendemos a hacer una pausa, a reflexionar y orar antes de hablar, aprendemos a pronunciar palabras de vida sobre los demás. Y cuando le decimos palabras positivas o de ánimo a nuestro cónyuge, a nuestros hijos o nuestros amigos, esas palabras no se evaporan. Duran para siempre.

El apóstol Pablo sabía un poco acerca del poder permanente de las palabras. En su segunda carta a Timoteo, la que básicamente sirve como una carta de ánimo de Pablo para su joven amigo, Pablo escribe:

> Doy gracias a Dios, a quien sirvo con limpia conciencia como lo hicieron mis antepasados, de que sin cesar, noche y día, me *acuerdo* de ti en mis oraciones, deseando verte, al acordarme de tus lágrimas, para llenarme de alegría (2 Timoteo 1:3-4, énfasis añadido).

"Me acuerdo de ti en mis oraciones". Puede no parecer mucho para nosotros. La frase "estoy orando por ti" se ha vuelto un poco más que una expresión gastada en muchos círculos cristianos. Pero puedo asegurarle que cuando el apóstol Pablo le escribió esas palabras a Timoteo, significaban mucho.

Verá, cuando Pablo escribió este pasaje, usó una palabra griega que necesitamos comprender, la que se traduce al español como "recordar". La raíz de esta palabra griega es mnema, la cual es una palabra que se refiere a un memorial o a un sepulcro. En otras palabras, ¡se refiere a la lápida para una tumba! Aunque esto suena un poco oscuro al principio, piense en la razón por la que ponemos lápidas: para que podamos recordar la vida de la persona y cuán especial él o ella era para nosotros.

El joven Timoteo, obviamente, estaba pasando por un tiempo de prueba o problemas. Pablo estaba consciente de sus lágrimas. Pero Pablo hizo mucho más que simplemente decir: "Oye, estoy orando por eso, amigo". Él dijo que estaba sosteniendo ante Dios a Timoteo en su situación. Él estaba diciendo que había tomado la necesidad de Timoteo y la estaba manteniendo ante el trono del cielo. En un sentido muy real, Pablo estaba diciendo: "Estoy levantando un monumento ante Dios en lo que a ti respecta, un memorial a tu necesidad".

Nuestras oraciones, como las de Pablo, no se disipan

simplemente después de haberlas pronunciado. Éstas persisten ante Dios como un memorial en el cielo. Es por eso que una abuela puede orar por su nieto durante años, morir e ir al cielo, y ese nieto vendrá a Cristo 20 años después. Sus oraciones se convirtieron en un memorial ante Dios. A su debido tiempo, Dios las honrará.

Las palabras buenas también duran. No deje de orar por su familia o su matrimonio. Usted está construyendo un memorial, un monumento ante Dios. Cultive la práctica de animar, elogiar y honrar con el fruto de sus labios.

CAPÍTULO SIETE

EL BAUTISMO DEL CIELO

Dios nos manda ser llenos con el Espíritu; y si no estamos llenos,
es porque estamos viviendo por debajo de nuestros privilegios.

D. L. MOODY

A esta altura, es mi sincera esperanza que usted esté convencido de la importancia de sus palabras, porque en resumen: Las palabras son la clave para la bendición en su vida. Y sin embargo, tal como vimos en el capítulo anterior: "ningún ser humano puede domar la lengua". En otras palabras, lo que, desesperadamente, necesitamos hacer: poner nuestra boca bajo control, es totalmente imposible de lograr con solo el poder de la voluntad y la determinación humana.

Pero supongamos, por un momento, que hubiera algo disponible para usted que podría no solo ayudarle a controlar sus palabras sino, además, darle el poder para llevar una vida más victoriosa. ¿Estaría interesado en saber cómo recibirlo?

Sin duda, ¡la respuesta es sí!

Tal poder está disponible a usted. Dios ha creado una manera para que usted no solamente se convierta en Su hijo por medio de la experiencia de la salvación sino, además, que pueda recibir lo que yo llamo "el bautismo del cielo", el cual le equipará para vivir cada aspecto de la vida cristiana más plena y poderosamente. ¿Qué es el bautismo del cielo? Sucede cuando usted es lleno con el Espíritu Santo y recibe el poder de Dios en su vida.

Sí, yo sé que este tema es algo controversial en algunos sectores, pero tengo que compartir esto con usted. ¿Por qué? Porque un libro que espera ayudarle a convertir su lengua en una fuente de vida en lugar de una manguera de destrucción, simplemente no podría estar completo sin dirigirle a la única fuente de ayuda sobrenatural disponible sobre el planeta tierra. Y no solamente me refiero a ayuda. Estoy hablando de "el Ayudador", la maravillosa persona del Espíritu Santo.

El bautismo en el Espíritu Santo es un tema importante en relación al poder de nuestras palabras. Ningún ser humano puede domar la lengua. Pero el Espíritu Santo sí puede. Es por eso que estoy pidiéndole que lea este capítulo con corazón y mente abiertos y deje a un lado cualquier idea preconcebida acerca del bautismo en el Espíritu Santo. Simplemente, permita que el Señor le hable por medio de las Escrituras que serán presentadas y luego, decida por sí mismo. (Por cierto, adivine: ¿cuál miembro de la Trinidad tiene la tarea de guiarnos a toda verdad? Vea Juan 16:13).

Hacer el rompimiento: Finney y Moody

No somos la primera generación de creyentes que se ha enfrentado con esta pregunta en relación al bautismo en el Espíritu Santo. Charles Finney, el gran evangelista del siglo XIX, tuvo que hacer este rompimiento con su pasado doctrinal en un momento de su vida. En su biografía, Finney describe la noche en que sucedió:

> Cuando di la vuelta y estaba a punto de sentarme cerca de la chimenea, recibí el poderoso bautismo del Espíritu Santo. Sin ninguna expectativa de él; sin, jamás, haber tenido el pensamiento en mi mente de que existía cosa alguna como esa para mí; sin recordar que yo hubiera, alguna vez, escuchado el asunto mencionado por persona alguna en el mundo, el Espíritu Santo descendió sobre mí en una manera que parecía atravesarme en cuerpo y alma. Yo pude sentir la impresión, como una ola eléctrica, atravesándome continuamente. Sin duda, parecía venir en olas y olas de

amor líquido; pues no podía expresarlo en ninguna otra forma. Parecía como el propio aliento de Dios. Puedo recordar con claridad que parecía soplarme, como alas inmensas.[11]

A partir de ese momento, Finney le recomendaba la experiencia a todos los creyentes, especialmente a aquellos que necesitaban ministrar con poder a los demás. Hoy día, Charles Finney es ampliamente considerado como uno de los más grandes evangelistas en la historia de la iglesia.

Unas décadas después, Dwight L. Moody, otro evangelista y predicador extraordinario, también tuvo que decidir si continuaba con la tradición religiosa que había estado enseñando o iba tras lo que había empezado a ver claramente en la Palabra de Dios. Él era pastor de una iglesia donde no había poder, había poca vida y no sucedía mucho espiritualmente. Dos damas en su congregación que habían sido bautizadas en el Espíritu Santo, Auntie Cook y la Sra. Snow, empezaron a orar para que él recibiera esta experiencia. Sin embargo, esto iba contra la existente creencia teológica de Moody de que la gente recibía el Espíritu Santo por completo cuando eran salvos. Por esa razón, él más o menos descartó las súplicas de estas damas.

Moody no podía dejar de notar, sin embargo, que había una cierta dimensión de poder evidente en la vida de estas damas que la mayoría de los otros cristianos no tenía. Así que, un día, él decidió investigar las Escrituras por sí mismo. A medida que estudiaba la Biblia, se convenció de que, sin duda, había una experiencia más allá de la salvación, llamada el bautismo en el Espíritu Santo. Tal como su amigo y compañero evangelista R. A. Torrey lo dijo después, Moody recibió su respuesta sin advertencia previa, un día mientras paseaba por la ocupada Wall Street en la ciudad de Nueva York.

El poder de Dios cayó sobre él cuando caminaba calle arriba y tuvo que correr a la casa de un amigo y preguntar si él podía tener una habitación donde estar a solas, en esa habitación él permaneció solo durante horas; y el Espíritu Santo

vino sobre él, llenando su alma con tal gozo que tuvo que
pedirle a Dios que detuviera Su mano, no sea que muriera
en ese lugar de puro gozo.[12]

Desde ese momento en adelante, Moody descubrió que "el
poder de Dios obró poderosamente a través de él en el norte de
Londres, y cientos fueron añadidos a las iglesias".[13] Después de
esa experiencia, Moody siempre animó a su amigo Torrey a "predicar sobre el bautismo del Espíritu Santo".[14]

¿Le parece esto interesante? Nada extraordinario sucedió en la
vida o el ministerio de Moody hasta que recibió el bautismo en
el Espíritu Santo. Después, ¡el poder sobrenatural fue evidente en
su vida! Ya no era más él obrando en su propia habilidad y fuerza.
Dios añadió lo *súper* de Él a la habilidad *natural* de Moody.

El bautismo en el cuerpo de Cristo y el bautismo en agua

Hebreos 6:1-2 nos anima a dejar la discusión de los principios
elementales y continuar hacia la madurez. Uno de esos principios elementales es la doctrina de bautismos. Note que no dice
la doctrina del *bautismo* (singular), sino *bautismos* (plural). Así
que empecemos nuestra búsqueda de la verdad hablando del primero de los tres bautismos que se mencionan en la Escritura: el
bautismo en el cuerpo de Cristo. Si usted es cristiano, probablemente esté familiarizado con este primer bautismo. El bautismo
en el cuerpo de Cristo ocurre cuando usted recibe la salvación.

Primera a los Corintios 12:13 explica: "Pues por un mismo Espíritu todos fuimos bautizados en un solo cuerpo". Note, aquí,
quién es el agente de este bautismo. Cuando usted recibió a Jesús
como su Salvador, el Espíritu Santo le bautizó en el cuerpo de
Cristo. En otras palabras, cuando usted fue salvo, el *Espíritu
Santo le bautizó en Jesús*.

El segundo bautismo, frecuentemente discutido en la Escritura,
es el bautismo en agua. Es un paso muy poderoso e importante

en la vida de cada creyente, tanto así que el bautismo en agua es parte de la Gran Comisión que Jesús le dio a Sus seguidores.

Id, pues, y haced discípulos de todas las naciones, *bautizándolos* en el nombre del Padre y del Hijo y del Espíritu Santo (Mateo 28:19, énfasis añadido).

El bautismo en agua sigue al arrepentimiento de sus pecados, y el reconocimiento y aceptación de Jesús como su Salvador. El bautismo en agua es una experiencia tremendamente significativa en conjunto con la salvación. Sin embargo, si usted se bautiza en agua antes de que en realidad sea salvo, ¡usted solamente fue mojado!

El peculiar Sam Houston, uno de los padres fundadores de mi nativo Texas, conoció esta experiencia de primera mano. Aunque había sido criado en la iglesia, según su propio relato, él realmente no había sido salvo hasta que fue adulto y fungía como gobernador de Texas. Cerca de dos meses después de haber venido a Cristo, Houston le pidió a su pastor que lo bautizara en agua. El pastor estaba un poco sorprendido ante la solicitud debido a que él conocía la historia de Houston. Houston pasó a explicar que cuando él había sido bautizado en su juventud, no había nacido de nuevo. Él dijo algo como: "Ahora sé que soy salvo porque puedo sentir un cambio radical".

Así que se acordó un servicio para el gobernador. A medida que los espectadores se alineaban a las orillas de un río cercano, el gobernador y el pastor entraron al agua para que Houston pudiera ser bautizado. El pastor notó que la billetera de Houston estaba todavía en su bolsillo. Él le preguntó a Houston si quería sacarla antes. A eso, el gobernador respondió que la había dejado allí a propósito. "Necesita ser bautizada también", dijo y volteándose a la multitud dijo: "Y por cierto, muchos de ustedes viven como si sus billeteras necesitaran ser bautizadas".

El bautizar su billetera es una idea novedosa, pero el verdadero punto de esta historia es que el bautismo en agua no es solamente un ritual religioso. Es una declaración acerca del cambio que ha ocurrido en su vida como resultado de la experiencia de salvación. Me gusta como lo presenta la versión de la Biblia, La Palabra de Dios para todos, en Colosenses 2:12-13:

> Al bautizarse, ustedes fueron sepultados junto con Cristo, y también en el bautismo fueron resucitados con él. Eso fue posible debido a la fe en el poder de Dios, que se demostró cuando hizo resucitar a Cristo de la muerte. Antes ustedes estaban espiritualmente muertos debido a sus pecados y al no tener la circuncisión en su cuerpo. Sin embargo junto con Cristo Dios les dio la vida porque nos perdonó generosamente todos los pecados.

El ser salvo significa que usted deja de *hacer las cosas a su manera* y las comienza a hacer a la manera de *Dios*. Su naturaleza pecaminosa, carnal, ha sido sepultada con Cristo (eso es lo que representa el ser sumergido en agua), y usted fue resucitado del agua (como Jesús fue resucitado de la muerte) a una nueva vida. Cuando usted es salvo se convierte en una nueva persona en Cristo. El ser bautizado en agua demuestra que su vieja naturaleza pecaminosa es cortada y que todas las cosas se vuelven nuevas en su vida (vea 2 Corintios 5:17).

Aun así, usted necesita *poder* para vivir de manera victoriosa, lo que nos lleva al tercer bautismo: el bautismo en el Espíritu Santo.

Bautismo en el Espíritu Santo

Permítame decir, de entrada, que yo tengo mucha empatía por aquellos que sostienen que el bautismo en el cuerpo de Cristo y el bautismo en agua son los únicos dos bautismos de los que habla la Biblia. ¡Yo también solía pensar así! Crecí en una iglesia que no reconocía la participación del Espíritu Santo en la vida de la gente. Después, cuando fui a la universidad cristiana, me adoctrinaron más en contra de ello.

Muy curiosamente, una de las Escrituras que mis amigos y yo citábamos, para probar que no había bautismo con el Espíritu Santo separado de la experiencia de la salvación, era este pasaje de Efesios:

Hay un solo cuerpo y un solo Espíritu, así como también vosotros fuisteis llamados en una misma esperanza de vuestra vocación; un solo Señor, una sola fe, un solo bautismo, un solo Dios y Padre de todos, que está sobre todos, por todos y en todos (4:4-6).

Como joven estudiante de la Biblia yo era muy petulante y seguro de mí mismo. Solía señalar este versículo y decir, "¿Ve? ¡La Biblia dice que hay solo un bautismo!". Por supuesto, aunque lo estuviera diciendo, yo creía en dos bautismos, uno en el cuerpo de Cristo y el otro en agua.

Lo que no noté en ese entonces es que el mismo versículo dice: "un Señor", aunque está claro que hay tres miembros de la Deidad. De hecho, este mismo pasaje de la Escritura menciona a todos los tres miembros de la Trinidad, un "Espíritu", un "Señor" y un "Dios y Padre de todo". Un Dios. Tres expresiones.

Exactamente de la misma forma, hay un bautismo, pero tres expresiones. Está el bautismo en el cuerpo de Cristo cuando somos salvos; está el bautismo en agua; y está el bautismo en el Espíritu Santo. Veamos más pasajes de la Escritura que respaldan esta idea, empezando con el libro de los Hechos. Además, veremos ejemplos del Nuevo Testamento al igual que del Antiguo Testamento.

Respaldo bíblico del libro de los Hechos

Veamos un relato del libro de los Hechos que habla de los tres bautismos. Aquí hallamos que cuando las personas eran salvas y bautizadas en agua, también recibían el bautismo en el Espíritu:

Al oír *esto*, compungidos de corazón, dijeron a Pedro y a los demás apóstoles: Hermanos, ¿qué haremos? Y Pedro les dijo: Arrepentíos [salvación] y sed bautizados cada uno de vosotros en el nombre de Jesucristo para perdón de vuestros pecados [bautismo en agua], y recibiréis el don del Espíritu Santo [allí está el bautismo en el Espíritu]. Porque la promesa es para vosotros y para vuestros hijos y para todos los que están lejos, para tantos como el Señor nuestro Dios llame (2:37-39, ampliación añadida).

La promesa de salvación y el bautismo en el Espíritu Santo es "para ustedes y sus hijos, y para todos". Sin embargo, hay muchos cristianos que no aprovechan esto. Hay mucha gente que es salva, pero nunca se bautiza en agua, y ellos, además, tienen un punto de vista doctrinal que dice que ellos no necesitan ser bautizados en el Espíritu. Lo que ellos no comprenden es que el bautismo en el Espíritu Santo añade una dimensión sobrenatural a sus vidas. Por medio de este bautismo, el poder de lo alto, el poder del Espíritu Santo de Dios, viene y mora en el creyente que lo recibe.

En Hechos 8 vemos un avivamiento emergente:

Felipe, descendiendo a la ciudad de Samaria, les predicaba a Cristo. Y las multitudes unánimes prestaban atención a lo que Felipe decía, al oír y ver las señales que hacía. Porque *de* muchos que tenían espíritus inmundos, *éstos* salían *de ellos* gritando a gran voz; y muchos que habían sido paralíticos y cojos eran sanados. Y había gran regocijo en aquella ciudad (versículos 5-8).

¡Siempre debería haber gran gozo cuando la gente es libertada y sanada! Desde luego, no debería haber grandes argumentos sobre eso. Pero tristemente, hoy día eso es lo que tenemos con frecuencia. Este avivamiento registrado en Hechos 8, prepara el escenario para los versículos 12-13. Mientras lee estos versículos, busque los tres bautismos que hemos estado identificando:

Pero cuando creyeron a Felipe, que anunciaba las buenas nuevas del reino de Dios y el nombre de Cristo Jesús, se bautizaban, tanto hombres como mujeres. Y aun Simón mismo creyó; y después de bautizarse, continuó con Felipe, y estaba atónito al ver las señales y los grandes milagros que se hacían.

Aquí, obviamente, tenemos los primeros dos bautismos. La gente "creyó". Y luego la gente "fue bautizada". Grandes segmentos del cuerpo de Cristo hoy día tienen estos dos bautismos y están convencidos de que tienen todo lo que necesitan. De hecho, a ellos les han dicho que eso es todo lo que hay. Ellos dicen: "He sido salvo y bautizado. ¡Lo tengo todo!".

Pero antes de que usted se acomode mucho a esa creencia, sigamos leyendo.

> Cuando los apóstoles que estaban en Jerusalén oyeron que Samaria había recibido la Palabra de Dios, les enviaron a Pedro y a Juan, quienes descendieron y oraron por ellos para que recibieran el Espíritu Santo, pues todavía no había descendido sobre ninguno de ellos; solo habían sido bautizados en el nombre del Señor Jesús. Entonces les imponían las manos, y recibían el Espíritu Santo (versículos 14-17).

Como vimos en los versículos previos, estas personas habían "creído". Habían sido bautizadas. Sin embargo, Pedro y Juan oyeron acerca de ello y fueron a visitarlos, lo primero que hicieron fue orar "para que recibieran el Espíritu Santo". Obviamente, Pedro y Juan no habían recibido el mensaje de la cede denominacional diciendo que si uno ha sido salvo y bautizado, tiene todo lo que necesita. Una vez más, la Biblia nos expone los tres bautismos.

Lo vemos de nuevo en Hechos 19.

> Y aconteció que mientras Apolos estaba en Corinto, Pablo, habiendo recorrido las regiones superiores, llegó a Éfeso y encontró a algunos discípulos, y les dijo: ¿Recibisteis el Espíritu Santo cuando creísteis? (versículos 1-2).

El libro de Hechos cubre varias décadas de la historia de la Iglesia Primitiva. Mientras más profundice en Hechos, llegará a entender más de lo que pasó mucho después de la resurrección de Jesús. El evento arriba descrito sucedió años después del día de Pentecostés. Este es uno de esos versículos que yo solía pasar por alto porque no cuadraba. No había manera que yo pudiera conciliar esto con mi posición doctrinal.

Tenga en mente que la persona haciendo esta pregunta: "¿Recibieron el Espíritu Santo cuando creyeron?" es el hombre que escribió cerca de un tercio del Nuevo Testamento, Pablo. Usted pensaría que él debió conocer la doctrina correcta, ¿verdad? Siempre me río cuando leo la respuesta de este grupo a la pregunta de Pablo. Aparentemente ellos crecieron en la misma clase de iglesia que yo.

Y ellos le *respondieron*: "No, ni siquiera hemos oído si hay un Espíritu Santo" (versículo 2).

De verdad, no estoy tratando de burlarme de ninguna persona o institución, pero siempre me sorprende observar cuántos cristianos crecieron en iglesias donde el Espíritu Santo difícilmente era mencionado. Sea como sea, Pablo decide revisar su salvación, solo para estar seguro que ellos recibieron los primeros dos bautismos.

Entonces él dijo: ¿En qué *bautismo*, pues, fuisteis bautizados? Ellos contestaron: En el bautismo de Juan. Y Pablo dijo: Juan bautizó con el bautismo de arrepentimiento, diciendo al pueblo que creyeran en aquel que vendría después de él, es decir, en Jesús. Cuando oyeron *esto*, fueron bautizados en el nombre del Señor Jesús (Versículos 3-5).

Allí vemos "arrepentirse y creer", los dos componentes de la salvación. Y vemos el bautismo en agua. Apuesto que usted puede adivinar lo que sucede después.

Y cuando Pablo les impuso las manos, vino sobre ellos el Espíritu Santo, y hablaban en lenguas y profetizaban (Versículo 6).

Allí está ese tercer elemento vital. Es un patrón que vemos una y otra vez en la Escritura. De hecho, se necesitaría un libro completo sobre el tema para que yo le pudiera llevar a través de todos los lugares en la Escritura donde vemos este patrón de tres partes, literal y simbólicamente reflejado en la Biblia.

Ejemplos del Nuevo Testamento

La Biblia es un libro espiritual y aquellos que la leen tienen que leerla con ojos espirituales. Con eso en mente, quiero mostrarle algunos tipos metafóricos de estos tres bautismos en las Escrituras del Nuevo Testamento. Primero, vea 1 Juan 5:7-8:

> Porque tres son los que dan testimonio en el cielo: el Padre, el Verbo y el Espíritu Santo, y estos tres son uno. Y tres son los que dan testimonio en la tierra: el Espíritu, el agua y la sangre, y los tres concuerdan.

Según estos versículos, hay tres testigos celestiales y tres testigos terrenales. ¿De qué dan testimonio? De lo sobrenatural, del hecho de que hay un Dios en el cielo, quien vive, se mueve y nos ama. En el cielo, el Padre, el Verbo (Jesús) y el Espíritu Santo son testigos de este hecho. Y, como nos dice este versículo, hay tres "en la tierra que dan testimonio" de igual manera: "el Espíritu, el agua y la sangre".

En estos tres testigos vemos, una vez más, los tres bautismos. La "sangre" se refiere a la salvación porque "sin derramamiento de sangre no hay remisión de pecado" (Hebreos 9:22). Somos salvos por la sangre de Jesús.

El "agua" claramente señala el bautismo en agua. Cuando usted es bautizado en agua después de su salvación, el viejo hombre es cortado, en la misma manera en que se corta y quita la piel en la circuncisión. Eso es lo que Romanos 6, y Colosenses 2, nos dicen. El bautismo es más que un símbolo. Es más que un simple acto de obediencia. El bautismo en agua es un paso clave para obtener la capacidad de vivir en victoria sobre el pecado.

El tercer "testigo" sobre la tierra es "el Espíritu". Notará que el Espíritu es el único miembro de la Trinidad mencionado como testigo tanto en el cielo como en la tierra. ¡Eso es porque Él es el miembro que está actualmente activo sobre la tierra hoy día! Dios está en el cielo y Jesús, sentado a Su derecha, intercediendo por nosotros (vea Romanos 8:34).

Aún hay otra razón por la que podemos estar seguros que

el bautismo en el cuerpo de Cristo es diferente y separado del bautismo en el Espíritu Santo. Se hace evidente cuando vemos de cerca dos Escrituras, una de las cuales ya he citado.

Recuerde que 1 Corintios 12:13 dice: "Pues por un mismo Espíritu todos fuimos bautizados en un solo cuerpo". Luego, en Mateo 3:11, Juan el Bautista, hablando de Jesús, declara que Él nos bautizaría "con el Espíritu Santo y fuego".

Lo que quiero que note acerca de estos dos versículos es que en un caso, el Espíritu nos bautiza en Jesús, y en el otro, Jesús nos bautiza en el Espíritu. Usted no necesita saber griego para ver que no hay forma de que ellos estén hablando del mismo evento. ¡Sólo necesita saber español! En la primera referencia, el Espíritu Santo es el sujeto, o quien bautiza. En la segunda referencia, Jesús es el sujeto.

Así que revisemos el cuadro que la Biblia está pintando aquí. Cuando usted es salvo, el Espíritu Santo le bautiza en Jesús. Luego, si usted es obediente al mandato del Señor, usted es bautizado en agua. Luego Jesús nos bautiza en el Espíritu Santo. Tres eventos separados. Usted necesita el primero para ir al cielo. Necesita el segundo para ser obediente. Y necesita ambos, el segundo y el tercero, para vivir una vida cristiana victoriosa.

Por cierto, la experiencia del tercer bautismo se menciona en *los cuatro evangelios*:

> Yo a la verdad os bautizo con agua para arrepentimiento, pero el que viene detrás de mí es más poderoso que yo, a quien no soy digno de quitarle las sandalias; Él os bautizará con el Espíritu Santo y con fuego (Mateo 3:11; vea también, Marcos 1:8; Lucas 3:16).

> Y yo no le conocía, pero el que me envió a bautizar en agua me dijo: "Aquel sobre quien veas al Espíritu descender y posarse sobre Él, éste es el que bautiza en el Espíritu Santo" (Juan 1:33).

La redacción en el relato de Juan es muy importante porque el Espíritu Santo nunca antes había *descendido y permanecido* sobre una persona. En el Antiguo Testamento, el Espíritu Santo descendió sobre una cantidad de personas, tales como el rey Saúl y el rey David, pero Él nunca *permaneció*. Estos versículos indican claramente que el Espíritu Santo descendió y permaneció sobre Jesús. Estos versículos también nos dicen que *Jesús bautiza con el Espíritu Santo y fuego.*

Ya hemos leído en los cuatro evangelios que el bautizarnos en el Espíritu Santo es un ministerio de Jesús. Así que tengo que preguntarle: Si eso es así, ¿por qué *no* le pide a Jesús que lo bautice en el Espíritu? Si le ha entregado su vida a Él, le ha confiado su futuro, canta canciones en la iglesia acerca de cuánto lo ama y confía en Él, ¿por qué no le dice: "Señor Jesús, por favor, bautízame con el Espíritu Santo"?

El ejemplo de Jesús

Abordemos esta pregunta de otra forma. Estoy seguro que usted está de acuerdo en que Jesús es nuestro ejemplo. Entonces, ¿nos ofrece Él un patrón a seguir en este asunto? ¡Veamos!

Primero que nada, ¿nació Jesús de nuevo? Técnicamente, no. Jesús fue la primera y única persona, desde la caída de Adán, que no necesitó nacer *de nuevo* porque Él nació perfecto la primera vez. Usted y yo, por otro lado, nacimos imperfectos la primera vez, así que necesitamos nacer de nuevo. Jesús nació como hijo de Dios. Nosotros necesitamos nacer de nuevo para llegar a ser hijos de Dios. Él es nuestro ejemplo.

Segundo, ¿fue Jesús bautizado? ¡Sí! Sabemos que Jesús fue bautizado por Juan en el río Jordán.

Tercero, ¿fue Jesús bautizado en el Espíritu? De hecho, la Biblia deja claro que sí lo fue. Esto es lo que la palabra dice que sucedió inmediatamente después de que Jesús fue bautizado en agua:

> Después de ser bautizado, Jesús salió del agua inmediatamente; y he aquí, los cielos se abrieron, y él vio al Espíritu de Dios que descendía como una paloma y venía sobre Él.

Y he aquí, *se oyó* una voz de los cielos que decía: Este es mi Hijo amado en quien me he complacido. (Mateo 3:16-17)

Mucha gente lee este pasaje y sale pensando que una paloma, literalmente, descendió sobre Jesús. Ellos, aparentemente, no notan las palabras que dejan en claro que es un *símil*, "como una" paloma. ¡Fue el Espíritu Santo quien descendió sobre Él! De ese día en adelante, Jesús empezó a hacer milagros. Él empezó a operar en poder. Después les dijo a los discípulos: "No vayan a empezar su ministerio hasta que el Espíritu Santo descienda sobre ustedes. No van a lograr nada sin el poder del Espíritu Santo" (vea Lucas 24:49).

Algunas personas piensan que las palabras de la Gran Comisión ("vayan a todo el mundo y prediquen el evangelio") fueron las palabras finales de Jesús sobre la tierra. Sin duda, son palabras importantes; sin embargo, sus instrucciones finales antes de su ascensión al cielo no fueron "vayan" sino "quédense". Quédense en Jerusalén hasta que reciban el bautismo en el Espíritu Santo.

Y reuniéndolos, [Jesús] les mandó que no salieran de Jerusalén, sino que esperaran la promesa del Padre: La cual, les dijo, oísteis de mí; pues Juan bautizó con agua, pero vosotros seréis bautizados con el Espíritu Santo dentro de pocos días... pero recibiréis poder cuando el Espíritu Santo venga sobre vosotros; y me seréis testigos en Jerusalén, en toda Judea y Samaria, y hasta los confines de la tierra (Hechos 1:4-5, 8, ampliación añadida).

Presagios del Antiguo Testamento

Abraham

La historia de la vida de Abram (a quien Dios después le cambió el nombre a "Abraham") nos muestra un tipo de bautismo en la forma en que Dios lo llamó a una nueva vida:

Y el Señor dijo a Abram: "Vete de tu tierra, de entre tus parientes y de la casa de tu padre, a la tierra que yo te mostraré" (Génesis 12:1).

El llamado de Abram fuera de su tierra natal es un tipo de la salvación. Dios estaba diciéndole a Abram, "Sal de entre ellos y sepárate, y comienza a seguirme". Esta salida del paganismo y la oscuridad es un presagio de la salvación que un día estaría disponible en Jesús.

Después, Dios instruyó a Abram a preparar una ceremonia de pacto, en la cual un animal es sacrificado y cortado en dos partes:

Y aconteció que cuando el sol ya se había puesto, hubo densas tinieblas, y he aquí, apareció un horno humeante y una antorcha de fuego que pasó por entre las mitades de los animales (Génesis 15:17).

Aunque tal vez no sea obvio al principio, el cortar los animales y pasar en medio de ellos era en realidad un tipo del bautismo en agua. (Recuerde que Romanos 6, une el bautismo en agua a una forma espiritual de circuncisión).

Primera a los Corintios 10 une el bautismo en agua al cruce del mar Rojo. ¿Qué sucedió cuando Israel cruzó el mar Rojo? Hubo un corte (partida) del mar, luego lo atravesaron. Luego el enemigo (Egipto), quien los perseguía, fue dejado en el mar. En la misma forma, Dios quiere que dejemos el "viejo hombre" en el agua bautismal.

Hasta ahora, tenemos a Abram recibiendo simbólicamente el bautismo de la salvación a través de haber sido sacado de su país natal. Y lo tenemos siendo bautizado en agua, simbólicamente, a través del "paso por en medio" del corte de los animales en la ceremonia del pacto. Así que no debería sorprendernos hallar, además, un tipo del bautismo del Espíritu Santo en la vida de Abram. Lo encontramos en Génesis 17:5:

Y no serás llamado más Abram; sino que tu nombre será Abraham; porque yo te haré padre de multitud de naciones.

Compare los dos nombres. Se le agregan dos letras al nombre "Abram" para crear "Abraham", las letras A y H. Esta es la palabra raíz, hebrea, 'ah la que, en el Antiguo Testamento, se usa para referirse al aliento, o el aliento de Dios, espíritu, o Espíritu de Dios, o la vida de Dios.[15] El solo pronunciar la palabra le da una sensación de aliento o viento. Si usted la escribe como se pronuncia, usted verá "aaaaahhhhhhh", y escucha el sonido del aliento, el indicador inconfundible de que una persona es un espíritu viviente.

'Ah también es parte de la palabra compuesta, hebrea, *ru'ah* que también es usada muchas veces en la Biblia para describir el aliento de vida o el Espíritu de Dios.[16] Ru'ah es la palabra traducida como "Espíritu" en Génesis 1:2, donde leemos: "y el Espíritu de Dios se movía sobre la superficie de las aguas". Unos versículos después, encontramos de nuevo 'ah cuando Dios crea al hombre:

> Entonces el Señor Dios formó al hombre del polvo de la tierra, y sopló en su nariz el aliento de vida; y fue el hombre un ser viviente (Génesis 2:7, énfasis añadido).

Puesto de manera sencilla, la palabra hebrea 'ah habla del Espíritu de Dios que anima y faculta. Así que, ¿no es interesante que Dios dijera: "no serás llamado más Abram; sino que tu nombre será Abr-ah-am? Dios puso su "aliento de vida" en el nombre de Abram como tipo y señal de este tercer bautismo que él necesitaba. Abraham nunca fue el mismo después de aquel día.

Le doy una nota adicional interesante. Dios sabe que con frecuencia puede crear fricción en el hogar cuando uno de los cónyuges es bautizado en el Espíritu Santo y el otro no. ¿Entonces, qué hizo Dios por la esposa de Abraham, Saray?

> También le dijo Dios a Abraham: A Saray, tu esposa, ya no la llamarás Saray, sino que su nombre será Sara. (Génesis 17:15).

Este es un hermoso tipo del bautismo en el Espíritu Santo. En el nombre de Saray, Dios quita el egoísmo del "yo" y lo reemplaza por el "ah" de su espíritu. [La "h" final no es usada en el nombre en español, solamente en inglés. N del T]

Usando un poco mi imaginación, puedo ver a Abraham allí, alabando a Dios tranquilamente, cuando, de repente, el Señor le anuncia: "Voy a cambiarte el nombre. Ya no será Abram, va a ser Abraham". Luego Dios sopla sobre Abraham, "aaaahhhhh", y Abraham siente la brisa del poder y el amor soplar a través de él. Él ha sido bautizado en el Espíritu Santo (¡y su nombre así lo declara!) Un poco después en la conversación, Dios dice: "Vamos a tener que hacer algo acerca de Saray también". Ella estaba en la casa lavando los platos cuando, repentinamente, un viento sopló a través de la cocina. Ella sintió al Espíritu de Dios llenar su ser. Y su esposo empezó a pronunciar su nombre de manera diferente.

¿Puede verlo ahora? Aun la vida de Abraham predice los tres bautismos.

Ezequiel

Una vez que superé mi adoctrinamiento previo y fui bautizado en el Espíritu Santo, leí toda la Biblia buscando tipos y símbolos de esta experiencia en las Escrituras. Quedé sorprendido por la cantidad de símbolos que hay.

Por ejemplo, recuerdo haber leído el libro de Ezequiel y pensado, *probablemente no voy a encontrar ningún tipo del bautismo aquí.* Como probablemente ustedes saben, Ezequiel es un libro profético muy inusual. Hay mucha profecía de fatalidad y destrucción (Ezequiel está muy enojado con todos), y muchas cosas para medir (en visiones, Ezequiel, siempre parece estar midiendo cosas). Dudé que podría encontrar algún tipo simbólico en este libro. Luego me encontré con Ezequiel 16:9.

¿Recuerda esas tres cosas que "testifican" sobre la tierra? La sangre, el agua y el Espíritu. Téngalas presente mientras lee este versículo:

"Te lavé con agua, te limpié la sangre y te ungí con aceite".

En la Biblia, el aceite es frecuentemente un símbolo del Espíritu Santo. Aquí tenemos agua, sangre y unción con aceite, los tres bautismos.

Ahora, leamos un poco en 1 Corintios 10. Pablo escribe:

> Porque no quiero que ignoréis, hermanos, que nuestros padres todos estuvieron bajo la nube y todos pasaron por el mar; (versículo 1).

Aquí Pablo está refiriéndose a la serie de eventos por los cuales Moisés sacó a los hijos de Israel fuera de Egipto, con una nube del poder y la presencia de Dios guiándolos milagrosamente a través del mar Rojo. En el Antiguo Testamento, Moisés es un tipo de Cristo. Él fue el libertador que sacó al pueblo de Dios de la esclavitud, un presagio de que Jesús nos liberaría de la esclavitud del pecado y la muerte. De hecho, una de las primeras profecías del Antiguo Testamento acerca del Mesías conecta a Moisés con Jesús (vea Deuteronomio 18:15-18).

Con eso en mente, regresemos a 1 Corintios 10, y lea el versículo 2: "y en Moisés todos fueron bautizados en la nube y en el mar".

Pablo dice que los hijos de Israel tuvieron tres bautismos: en Moisés, en la nube y en el mar. ¿No está claro? Fueron bautizados en su libertador, Moisés (un tipo de la salvación); fueron bautizados "en el mar" cuando atravesaron el mar Rojo (un tipo del bautismo en agua); y fueron bautizados "en la nube", una nube, siendo otro símbolo del poder del Espíritu de Dios.

Si usted estudia el tabernáculo que Dios instruyó a los hijos de Israel que hicieran mientras estaban en el desierto, usted verá otra narración de los tres bautismos: había un atrio exterior, dentro de éste estaba "el lugar santo" y dentro de éste, "el lugar santísimo" donde habitaba la presencia de Dios.[17]

Como creyentes, ¿en qué parte del tabernáculo debería ser nuestro deseo estar? No en el atrio exterior, lejos del poder y la presencia del Señor, sino en el lugar santísimo, ¿correcto? Bueno, por favor, tome nota de que había tres cosas que usted debía hacer antes de poder entrar en el lugar santísimo como el sumo sacerdote.

Lo primero que encontraría al entrar al tabernáculo era el altar. Allí usted habría sacrificado un cordero sin mancha, derramando su sangre. ¿Le gustaría adivinar qué bautismo representa eso? El bautismo de la salvación, por supuesto.

Después, usted iría a la fuente de bronce, una clase de lavabo, que contenía agua. Allí debería haberse lavado y purificado cuidadosamente. Por supuesto, esto es cercanamente paralelo al bautismo en agua. Pero había una cosa más que usted debía hacer antes de entrar al lugar santísimo y experimentar la gloria completa de la presencia de Dios. Usted debía ser ungido con aceite. El no tomar este paso habría resultado en la muerte del sacerdote al encuentro con la gloria de Dios.

Antes de entrar a la presencia de Dios, usted tenía que haber experimentado la sangre, el agua y el aceite. Tenga presente que este proceso meticuloso no fue inventado por algún sacerdote antiguo. Dios mismo dio instrucciones detalladas para que se hiciera exactamente de esa manera.

No importa quién sea usted, sencillamente no puede decir: "Sí, Señor, quiero ser salvo. Sí, quiero ser bautizado en agua. Pero voy a declinar esa parte del bautismo en el Espíritu Santo porque he oído que eso puede hacer que uno haga cosas raras". ¿Y por qué querría usted si quiera decirle algo así a Él?

No podemos negar que la Palabra de Dios es clara en esto. Si usted quiere disfrutar la llenura del poder y la presencia de Dios, entonces necesita ser bautizado en su Espíritu Santo.

Una vida cambiada

Cuando Jesús ascendió al cielo, Él envió al Espíritu Santo a bautizarnos, llenarnos, facultarnos, ayudarnos, consolarnos y guiarnos a toda verdad. Cuando usted es bautizado por el Espíritu, recibe poder para andar en nueva vida. (Por cierto, ¡eso incluye la facultad de controlar su lengua!) Usted es capaz de vivir de una manera que verdaderamente testifica del poder sobrenatural de Dios.

Yo soy un testamento andante y hablante de ese poder transformador. Si duda de lo que digo, sugiero que regrese al pueblo donde crecí y le diga al departamento de policía que Robert Morris es ahora un cristiano y que es el pastor de una iglesia. ¿Sabe lo que le dirían? "¡Dios existe!"

Los tres bautismos que he experimentado dan testimonio de lo sobrenatural. Los tres bautismos funcionan juntos así:

Cuando usted es salvo, es una nueva persona.

Cuando usted es bautizado, el viejo hombre es cortado.

Cuando usted es bautizado en el Espíritu, recibe poder para andar en una nueva vida.

Quizá, ahora empieza a darse cuenta por qué hay tantos cristianos derrotados. Veo muy pocos que verdaderamente viven en victoria porque ellos fueron salvos tarde en su vida y nunca han sido bautizados en agua. Encima de eso, han aceptado un sistema doctrinal que les dice que no necesitan el bautismo en el Espíritu. Como resultado, tienen dificultades continuamente. Ellos fallan y caen. Oran pero ven muy pocos resultados.

Estas tres cosas dan testimonio sobre la tierra: la sangre, el agua y el Espíritu: salvación, bautismo en agua y bautismo en el Espíritu.

Pedid y se os dará

Si se está preguntando, *¿Tiene que suceder en ese orden? En otras palabras, ¿es posible ser bautizado en el Espíritu Santo antes de ser bautizado en agua?* Creo que la respuesta es sí. Lo creo porque en Hechos 10, los gentiles fueron salvos, *luego* bautizados en el Espíritu Santo, *luego*, bautizados en agua. (Nosotros, los gentiles, parece que siempre entendemos las cosas al revés. Pero para Dios está bien.)

La salvación, sin embargo, es un prerrequisito para los otros dos. No puede ser bautizado en el Espíritu Santo si nunca ha sido limpio y vuelto a nacer espiritualmente a través del bautismo en Jesús. Sencillamente, no es posible. He conocido a mucha gente que fue bautizada cuando eran niños, pero que, en realidad fueron verdaderamente salvos más adelante en su vida, como adolescentes o adultos. Esas personas necesitan ser bautizadas en agua para ser completamente obedientes a las instrucciones del Señor.

No hay escape en cuanto a que las Escrituras piden que se tome una decisión. La pregunta es: ¿recibirá usted el poder y la provisión que Dios ha puesto a su disposición para vivir una vida victoriosa, o se aferrará a una tradición doctrinal y permanecerá, básicamente, en el mismo nivel espiritual?

El bautismo en el Espíritu Santo es una experiencia diferente a la salvación. Es algo sencillo de recibir. De hecho, todo lo que tiene que hacer es orar y pedirlo.

Pero Robert, podría estar pensando usted, *¿no debería tener temor de abrirme completamente a un derramamiento del poder y la influencia del Espíritu? Después de todo, ¿qué tal si me abro accidentalmente a algún tipo de influencia demoníaca?*

Esas preguntas son comunes. Dejaré que Jesús le responda.

O suponed que a uno de vosotros que es padre, su hijo le pide pan; ¿acaso le dará una piedra? O si le pide un pescado; ¿acaso le dará una serpiente en lugar del pescado? O si le pide un huevo; ¿acaso le dará un escorpión? Pues si vosotros siendo malos, sabéis dar buenas dádivas a vuestros hijos, ¿cuánto más vuestro Padre celestial dará el Espíritu Santo a los que se lo pidan? (Lucas 11:11-13).

Las serpientes y los escorpiones son símbolos bíblicos de poderes demoníacos. Jesús dejó esto en claro en Lucas 10, cuando le dijo a sus discípulos: "Mirad, os he dado autoridad para hollar sobre serpientes y escorpiones, y sobre todo el poder del enemigo, y nada os hará daño" (versículo 19).

Jesús estaba diciéndoles que no tuvieran temor de pedirle al Padre el Espíritu Santo. Él les daría el Espíritu generosamente. Y cuando lo hiciera, sería bueno para ellos. ¡Les gustaría eso!

Así que, ¿qué está esperando? ¡Pídaselo! Lo único que va a

perder es la falta de poder, derrota y frustración. Una cosa que ganará, entre muchos otros beneficios maravillosos, es la capacidad de tener su lengua bajo control y al servicio del cielo. ¡Ese es un buen trato!

CAPÍTULO OCHO

EL IDIOMA DEL CIELO

Hemos visto cómo recibir la ayuda del Espíritu Santo para domar nuestra lengua. (De hecho, ¡Él es nuestra única esperanza para lograrlo!) Ahora que hemos explorado el bautismo en el Espíritu Santo, veamos uno de sus beneficios, el hecho de que podemos entrar a la presencia de Dios y dejar que el Espíritu Santo cambie nuestras palabras. ¿No es interesante tomar en cuenta el hecho de que uno de los dones del Espíritu Santo mencionados en la Biblia es el llamado don de "lenguas"? ¿Hay alguna conexión entre el permitir que el Espíritu Santo cambie nuestras palabras y el don de lenguas? Seguro que sí.

Cualquier libro que pretenda mostrarle cómo controlar la lengua tiene que incluir una discusión detallada sobre el don de lenguas y el "idioma de oración".

Si usted lee el libro de Hechos con nuevos ojos y un corazón abierto, verá que una y otra vez, cuando la gente recibía el bautismo en el Espíritu Santo, empezaba a hacer lo que la Biblia llama "hablar en lenguas". En otras palabras, lo que yo he llamado "el bautismo del cielo" fue demostrado consistentemente a través del hablar en "el idioma del cielo".

Como parte de esta discusión del ampliamente malentendido tema de las lenguas, quiero compartir un poco de mi propia investigación de la verdad sobre este tema. Yo tal vez conozco tan bien como cualquier otro, la controversia que lo rodea. No solamente he escuchado las razones por las que *no todos* los creyentes pueden (o deberían) recibirlo, pero hubo un tiempo cuando yo mismo prediqué, con firmeza, algunas de esas razones. De hecho, un incidente en particular muestra cuán profundos fueron mis prejuicios y confusiones acerca de las lenguas.

Sucedió una noche

Mi esposa Debbie, tenía una sonrisa maravillosa en su rostro ese domingo por la mañana, mientras se preparaba para ir a la iglesia. Se veía muy contenta y gozosa sobre algo.

"¿De qué te sonríes?", le pregunté.

"¡Oh! De nada".

"¿Tienes esa sonrisita en tu rostro por nada?", le pregunté. "Vamos, dime por qué estás sonriendo".

"No quiero avergonzarte", admitió.

Ahora mi curiosidad había aumentado mucho. "Por favor, dímelo de todos modos", insistí.

"Bueno, anoche no podía dormir y me fui a la sala a leer la Biblia un rato", dijo. "Cuando regresé al dormitorio, te oí".

"¿Me oíste haciendo qué?"

"Bueno, te oí orando en lenguas".

El único problema con lo que dijo era el hecho de que yo no oraba en lenguas. No podía creer lo que me estaba diciendo.

"¿Qué dices?", le pregunté de nuevo.

"Te oí", respondió Debbie. "Aparentemente, tú tampoco podías dormir, así que estabas orando en lenguas y yo te oí".

"No", dije. "Yo estaba dormido. ¿Me estás diciendo la verdad? ¿En realidad estaba orando en lenguas anoche?"

Su respuesta fue "sí".

. . . .

Les cuento ese evento porque demuestra claramente qué clase de resistencia en contra de orar en lenguas había yo acumulado en mi mente. ¡No podía orar así mientras estaba despierto! Sin embargo, mi espíritu anhelaba orar tanto que empecé a orar en mi lenguaje de oración ¡mientras estaba profundamente dormido!

Si eso le suena absurdo, ¡le aseguro que lo comprendo!

Durante la mayor parte de mi vida cristiana no creí que hablar en lenguas estuviera disponible o fuera, siquiera, deseable. De hecho, por un tiempo ¡creía que las lenguas eran del diablo! La denominación con la que yo había estado asociado enseñaba que el don de lenguas había desaparecido en el primer siglo.

Pero con el tiempo, al igual que D. L. Moody, empecé a hallar creyentes que claramente operaban en mayores dimensiones del poder de Dios y la autoridad espiritual de lo que yo lo hacía. Alrededor de estos hombres y mujeres constantemente sucedían cosas que eran similares a las que leía en la Biblia, cosas que supuestamente "habían acabado" 1.900 años atrás. Esto me puso en una investigación de la Escritura que, finalmente, me llevó a reconocer, recibir y desear apasionadamente la llenura del Espíritu Santo en mi propia vida y ministerio.

Cuando finalmente fui bautizado en el Espíritu Santo, empecé a profetizar (otro de los grandes dones del Espíritu), pero no hablaba en lenguas. Debbie, sin embargo, quien recibió el bautismo en el Espíritu Santo aproximadamente al mismo tiempo que yo, empezó a hablar en lenguas inmediatamente.

Lo que yo no había notado era que cuando oré para recibir el bautismo en el Espíritu Santo y hablar en lenguas, ¡Dios respondió mi oración! Él no me retuvo este don. Sin embargo, mi mente no permitía conscientemente que mi espíritu funcionara de esta manera. Pero durante mi sueño, mi espíritu podía esquivar mi mente y yo oraba en lenguas libremente.

Hablar en lenguas es una bendición tan tremenda en mi vida que tengo el deseo de que *todo* creyente tenga esta experiencia. Si usted todavía no ha recibido este don, quiero que sepa que puede hacerlo.

Si hay alguna pregunta en su mente acerca de si el hablar en lenguas está o no disponible para usted, le animo a que lea en oración y considere la evidencia espiritual. Lea cuidadosamente cada pasaje, luego decida por sí mismo.

(Advertencia: Le voy a compartir un *montón* de versículos. Algunos pasajes son largos. Por favor, no permita que eso le intimide. Es vitalmente importante que vea cuán verdaderamente bíblico es todo esto. De hecho, quizá usted debería verlos en su propia Biblia. Siéntase en libertad de buscar cada pasaje citado para verlo en su versión preferida).

El verdadero don es el Espíritu

Antes de profundizar en los versículos que hablan directamente del fenómeno de las lenguas, detengámonos aquí por un momento y recordemos qué es el don del Espíritu Santo. Mucha gente pasa por alto esta verdad importante: El don del Espíritu Santo *es* el Espíritu Santo. (Lea esa oración de nuevo). Las lenguas (y otras manifestaciones) están incluidas en este don. Pero, tal como leímos en el capítulo anterior, el verdadero don es la Persona del Espíritu.

Para ilustrar mi punto, digamos que yo le regalo a usted un reloj suizo caro. ¿Estaría incluido el minutero en ese regalo? ¡Por supuesto! Yo no le daría un reloj sin el minutero. Le daría el reloj completo, y el minutero, naturalmente, sería parte de ese regalo.

De la misma forma, el hablar en lenguas es parte natural del bautismo en el Espíritu Santo. Es uno, pero de ninguna manera el único, indicador de que una persona ha recibido el don del Espíritu Santo. Es un don que Dios le dijo a sus seguidores que debían esperar.

> Pero yo os digo la verdad: os conviene que yo me vaya; porque si no me voy, el Consolador no vendrá a vosotros; pero si me voy, os lo enviaré...Pero cuando Él, el Espíritu de verdad, venga, os guiará a toda la verdad, porque no hablará por su propia cuenta, sino que hablará todo lo que oiga, y os hará saber lo que habrá de venir. Él me glorificará, porque tomará de lo mío y os *lo* hará saber (Juan 16:7, 13-14).

Jesús enfatizó este don prometido justo antes de su ascensión al cielo:

> Y reuniéndolos, les mandó que no salieran de Jerusalén, sino que esperaran la promesa del Padre: La cual, *les dijo,*

oísteis de mí; pues Juan bautizó con agua, pero *vosotros seréis bautizados con el Espíritu Santo dentro de pocos días*... pero recibiréis poder cuando el Espíritu Santo venga sobre vosotros; y me seréis testigos en Jerusalén, en toda Judea y Samaria, y hasta los confines de la tierra (Hechos 1:4-5, 8, énfasis añadido).

En esencia, Jesús les dijo: "Asegúrense de no salir de Jerusalén hasta que reciban al Espíritu Santo, porque cuando Él venga, ustedes tendrán el poder que necesitan para ser testigos efectivos de mí". Fiel a su promesa, unos días después, 50 días después de la muerte de Jesús, el Ayudador llegó.

Cuando llegó el día de Pentecostés, estaban todos juntos en un mismo lugar. De repente vino del cielo un ruido como el de una ráfaga de viento impetuoso que llenó toda la casa donde estaban sentados, y se les aparecieron lenguas como de fuego que, repartiéndose, se posaron sobre cada uno de ellos. Todos fueron llenos del Espíritu Santo y comenzaron a hablar en otras lenguas, según el Espíritu les daba habilidad para expresarse (Hechos 2:1-4).

El don prometido había llegado, Aquel cuya presencia, Jesús dijo, sería tan beneficiosa que sería mejor para los discípulos que tener a Jesús mismo quedándose con ellos. Los discípulos fueron llenos con el Espíritu Santo y hablaron en otras lenguas. Jesús dijo que lo harían y así fue. Él dijo, además, que ellos recibirían poder para ser testigos y ¡sigue siendo verdad hasta ahora!

Pedro entró al aposento alto con su confianza hecha pedazos por haber negado a Jesús públicamente, tres veces, unas semanas antes. Él salió de esa habitación sin temor como un heraldo del nuevo evangelio. Al día siguiente, cinco mil fueron salvos. No solo eso, sino que hubo muchas señales y maravillas.

Entonces los que habían recibido su palabra fueron bautizados; y se añadieron aquel día como tres mil almas. Y se dedicaban continuamente a las enseñanzas de los apóstoles, a la comunión, al partimiento del pan y a la oración.

Sobrevino temor a toda persona; y muchos prodigios y señales eran hechos por los apóstoles (Hechos 2:41-43).

¿Cree que el diablo estaba feliz con esto? ¡Yo creo que él estaba aterrado! Esta era una amenaza sin precedente contra su reino. Cuando Jesús estaba en la tierra, la amenaza contra el reino de Satanás estaba limitada a un área geográfica: donde quiera que Jesús estuviera. Ahora, ¡millones de pequeños Jesuses podían recibir poder y dispersarse por todo el planeta! Cualquiera que recibiera a este Ayudador que Jesús envió, podía hacer las mismas cosas que Jesús hizo, lo cual Jesús predijo: "En verdad, en verdad os digo: el que cree en mí, las obras que yo hago, él las hará también; y aún mayores que éstas hará, porque yo voy al Padre" (Juan 14:12).

Por esta razón el diablo empezó inmediatamente a conspirar en cómo evitar que la gente recibiera este don. ¿Cuál fue su estrategia? Crear controversia; él se dedicó a convencer a la gente de que este don no era para nuestro tiempo, ya había desaparecido. Si eso no funciona, él trata de hacer que la gente crea que solamente está disponible para unos pocos. Él, incluso, ha ido tan lejos como tomar para sí el crédito de eso ¡tratando de que los cristianos crean que orar en lenguas es del diablo!

La verdad es que el poder de lo alto por medio del bautismo en el Espíritu Santo estuvo y está disponible para los creyentes. El enemigo trató y está tratando desesperadamente de evitar que los creyentes lo reciban.

Pero él no pudo hacerlo entonces, y a menos que creamos sus mentiras, tampoco lo puede hacer ahora.

En Hechos 10, leemos que Pedro recibió una visión del Señor que le comunicaba que el evangelio de Jesucristo no era para los judíos solamente, sino también para aquellos que no eran judíos, los gentiles. Como resultado de esa visión, Pedro le predicó a la familia de Cornelio e hizo un descubrimiento sorprendente. No solamente la salvación estaba disponible para los gentiles, sino además, ¡el bautismo en el Espíritu Santo! Esto fue lo que sucedió:

Entonces Pedro, abriendo la boca, dijo: "Ciertamente ahora entiendo que Dios no hace acepción de personas, sino que en toda nación el que le teme y hace lo justo, le es acepto"…Mientras Pedro aún hablaba estas palabras, el Espíritu Santo cayó sobre todos los que escuchaban el mensaje. Y todos los creyentes que eran de la circuncisión [judíos creyentes], que habían venido con Pedro, se quedaron asombrados, porque el don del Espíritu Santo había sido derramado también sobre los gentiles, pues les oían hablar en lenguas y exaltar a Dios. Entonces Pedro dijo: ¿Puede acaso alguien negar el agua para que sean bautizados éstos que han recibido el Espíritu Santo lo mismo que nosotros? Y mandó que fueran bautizados en el nombre de Jesucristo. (Versículos 34-35, 44-48, ampliación añadida)

Note que la Escritura dice que los judíos estaban asombrados de que el don del Espíritu Santo fuera derramado sobre los gentiles. Me imagino que ellos ya habían formado una doctrina en sus mentes de que este don de Dios estaba reservado solamente para los judíos. Ellos, probablemente, habían decidido que solo unos cuantos selectos lo podían recibir.

El Señor, sin embargo, hizo muy claro que el don del Espíritu Santo es para todos. Note, además, qué fue lo que hizo tan claro para todos que estos gentiles habían recibido el don del Espíritu Santo: "pues les oían hablar en lenguas y exaltar a Dios". Hablar en lenguas era una de las señales inconfundibles que habían llegado a ser asociadas con el bautismo del Espíritu Santo.

Entonces, en Hechos 10, estos discípulos descubren que Dios no muestra parcialidad en dar el Espíritu Santo y sus dones. Luego, en Hechos 19, está registrado que el apóstol Pablo confirmó esta verdad. Él descubrió que el don del Espíritu Santo estaba aún disponible años después del día de Pentecostés, años después de que Pedro predicara a los gentiles en casa de Cornelio. Años más tarde, mientras Pablo visitaba Éfeso, halló a algunos discípulos y les dijo:

Y aconteció que mientras Apolos estaba en Corinto, Pablo, habiendo recorrido las regiones superiores, llegó a Éfeso y encontró a algunos discípulos, y les dijo: ¿Recibisteis el Espíritu Santo cuando creísteis? Y ellos le respondieron: No, ni siquiera hemos oído si hay un Espíritu Santo. Entonces él dijo: ¿En qué bautismo, pues, fuisteis bautizados? Ellos contestaron: En el bautismo de Juan. Y Pablo dijo: Juan bautizó con el bautismo de arrepentimiento, diciendo al pueblo que creyeran en aquel que vendría después de él, es decir, en Jesús. Cuando oyeron esto, fueron bautizados en el nombre del Señor Jesús. Y cuando Pablo les impuso las manos, vino sobre ellos el Espíritu Santo, y hablaban en lenguas y profetizaban (Versículos 1-6).

El don del Espíritu Santo estaba aún disponible para los creyentes, años después. No desapareció, ni ha desaparecido. Cuando estas personas recibieron el don, hablaron en lenguas y profetizaron.

El mismo don e idioma del Espíritu Santo está disponible para usted.

Obtener un glosario nuevo

Posiblemente usted nunca ha pensado en el hecho de que "lenguas" es un idioma. Pero así es como lo llama el apóstol Pablo en 1 Corintios 13:1. Sé que el enfoque principal de Pablo en este pasaje era ayudarnos a entender que el andar en amor es más importante que todo lo demás. Pero, para propósitos de nuestro estudio, quiero señalar que la palabra traducida "lenguas" en este versículo es la palabra griega glossa, que básicamente significa "un idioma". De ella se deriva nuestra palabra castellana glosario, que se refiere a una colección de palabras y términos.

Pablo dice: "Si yo hablo lenguas [idiomas] humanas y angélicas, pero no tengo amor, soy como un metal que resuena o un címbalo que retiñe". Al decir esto Pablo estaba revelando que estaba consciente de la existencia de un idioma celestial, las "lenguas" de los ángeles.

Otra referencia importante en relación al idioma de las lenguas se encuentra en el relato del día de Pentecostés, el cual leímos en parte. Tomemos en cuenta Hechos 2:4-6, a la luz del pensamiento de que las lenguas son un idioma.

Todos fueron llenos del Espíritu Santo y comenzaron a hablar en otras lenguas, según el Espíritu les daba habilidad para expresarse. Y había judíos que moraban en Jerusalén, hombres piadosos, procedentes de todas las naciones bajo el cielo. Y al ocurrir este estruendo, la multitud se juntó; y estaban desconcertados porque cada uno los oía hablar en su propia lengua. Y estaban asombrados y se maravillaban.

Note que cuando las lenguas son pronunciadas, los idiomas están siendo escuchados.

El idioma de las lenguas, aunque único, también tiene muchas de las mismas características de otros idiomas. Permítame explicar señalando algunos de los mitos frecuentemente asociados con las lenguas.

Mito: Se habla en lenguas con fluidez inmediata
Cuando un niño empieza a hablar, ¿habla con fluidez el primer día? Su enunciación, ¿es correcta desde el primer intento? ¿Tiene un vocabulario completo desde el inicio?

La respuesta a todas esas preguntas es: "¡No, por supuesto que no!".

Cuando usted empieza a hablar en lenguas, es como si estuviera aprendiendo un idioma por primera vez. No hablará con fluidez o perfección, y no tendrá un vocabulario educado al momento de recibir este don. ¡Pero eso está bien! Usted se desarrollará en este don de la misma forma en que lo haría en cualquier otro (por ejemplo: enseñanza, liderazgo, generosidad).

De la misma manera en que usted se emocionaba con cada sonido que su hijo o hija hacía cuando empezó a hablar, a Dios le encanta escuchar cada sílaba que usted dice. ¿Importaba que su hijo sonara mal? No, ¡para usted era hermoso! Es igual para Dios.

Por ejemplo, nuestro hijo solía llamar al baúl, babul. Lo llamó así por años. Con el tiempo, aprendió a decirlo correctamente, pero hasta ese entonces nosotros disfrutamos escucharlo decir babul. Pensábamos que era lindo. Estoy seguro de que le vienen a la mente historias similares acerca de sus hijos.

El punto que estoy tratando de presentar es que las lenguas, en un sentido, son idiomas que usted *aprende*. Usted llega a ser fluido en su lenguaje de oración de la misma manera que lo hace en cualquier otro idioma.

Mito: No se puede controlar el hablar en lenguas

Algunas personas, equivocadamente, creen que este idioma simplemente va a salírseles automáticamente. Yo sé, ¡porque yo era uno de ellos! Yo pensaba que si se suponía que debía hablar en lenguas, sucedería de manera automática. Al recordar hoy día, veo cuán absurdo era ese pensamiento.

Permítame asegurarle que usted tiene control del uso de su lenguaje de oración de la misma forma en que tiene control del uso de cualquier otro idioma, o en este caso, del uso de cualquier otro don espiritual. Por ejemplo, la gente que ha sido bautizada en el Espíritu Santo nunca se encuentra en el mostrador de carnes, pidiendo una libra de pavo en rodajas, cuando de repente empieza, descontroladamente a hablar en lenguas. Eso, sencillamente, no sucede. Tampoco la gente que tiene el don espiritual de profecía encuentra que declaraciones proféticas salen de sus bocas en momentos inoportunos. Usted tiene el control. Primera a los Corintios 14:32 (TLA) lo dice de esta forma:

> La persona que hable de parte de Dios podrá decidir cuándo hablar y cuándo callar.

Para ilustrar más este punto, supongamos que usted ha recibido el don de la enseñanza. Usted no estaría preocupado en lo absoluto de que involuntariamente pudiera tomar el escenario del lugar donde está celebrando el cumpleaños de su hijo, y empezara a enseñar las cuatro leyes espirituales a los inquietos niños de edad preescolar. ¿O sí? ¡Por supuesto que no! Si eso sucediera, sería porque usted tomó una decisión consciente de callar en el escenario al animador que contrató. Un maestro dotado siempre está en control de cuándo y cómo se ejercita ese don. El mismo principio se aplica al hablar en lenguas. Y lo que es más, si Dios le ha llamado para enseñar su palabra a un grupo de no creyentes, no piense que la primera vez que se pare ante un púlpito va a sonar como Billy Graham. Toma tiempo el desarrollar cualquier don que Dios le da. Tenga presente también que se requiere de esfuerzo y práctica para llegar a ser diestro en cualquier cosa que haga, incluyendo el hablar en lenguas.

El idioma del Espíritu

Para orar en lenguas también se necesita fe. Es el idioma del Espíritu, no del mundo natural. Debido a esto, su mente, la cual es parte de su alma, no lo entenderá.

Primera a los Corintios 14:2 nos dice: "el que habla en lenguas no habla a los hombres, sino a Dios, pues nadie *lo* entiende, sino que en *su* espíritu habla misterios".

¿Por qué es que nadie, sino Dios, puede entender a una persona que habla en lenguas? Porque, como dije, es el lenguaje del Espíritu. Por lo tanto, solamente el Espíritu Santo lo comprende. Primera a los Corintios 14:14-15 declara esto de manera resumida:

> Porque si yo oro en lenguas, mi espíritu ora, pero mi entendimiento queda sin fruto. Entonces ¿qué? Oraré con el espíritu, pero también oraré con el entendimiento; cantaré con el espíritu, pero también cantaré con el entendimiento.

Por favor, vea estos versículos muy cuidadosamente. Pablo aclara que cuando él ora en lenguas, su espíritu ora. Luego pregunta: "¿Cuál es el resultado?". Él dice que orará en el espíritu (en lenguas) al igual que con su entendimiento. De acuerdo con las dos clases contrastantes de oración que Pablo detalla en este pasaje, ¿está usted orando en el espíritu adicionalmente a orar con su entendimiento?

Pablo continúa explicando por qué ambas son importantes: "Si yo oro en lenguas, mi espíritu ora, pero mi entendimiento queda sin fruto" (1 Corintios 14:14). Comprendemos con nuestras mentes, con el intelecto. Pero el apóstol Pablo quería que usted y yo supiéramos que *nunca* vamos a entender la oración en lenguas con nuestras mentes naturales. Nunca. Sin embargo, el versículo 13, en el mismo capítulo, nos dice que podemos orar pidiendo una interpretación a las lenguas que hablamos. Podemos orar para entender la interpretación con nuestras mentes. Dice: "Por tanto, el que habla en lenguas, pida en oración para que pueda interpretar".

Pablo nos está dejando saber que nuestras mentes no van a entender cuando oremos en lenguas, a menos que Dios nos de la interpretación.

¿La conclusión? Necesitamos hacer las dos cosas. Necesitamos orar en lenguas y orar con nuestro entendimiento.

Bueno, ahora tomemos un cuestionario sorpresa. Cuando ora con su entendimiento, ¿está orando con su espíritu o con su alma? Cuando usted ora en lenguas, ¿está orando con su espíritu o con su alma?

Espero que esas preguntas hayan sido facilísimas de responder: Usted ora con su alma (porque su mente es parte de su alma) cuando ora con su entendimiento. Usted ora con su espíritu cuando ora en lenguas. Ante eso, permítame preguntarle: ¿Cuántas oraciones ha hecho con su alma en lugar de inspiradas por el espíritu?

Aleccionador, ¿verdad?

Una gran ventaja de orar en el espíritu es el hecho que cuando ora de esa manera, usted está orando la perfecta voluntad de Dios para la situación. Usted está diciendo oraciones del Espíritu Santo. No está orando lo que usted espera que sea la respuesta. Sino que está orando la solución de Dios.

La diferencia entre orar con un entendimiento natural, limitado, versus orar en el espíritu puede compararse a caminar solo en una noche oscura, sin luna, sintiendo su camino, paso a paso, adivinando tímidamente si va en la dirección correcta, versus tener un guía experimentado con una lámpara de alta intensidad para exteriores mostrándole el camino y revelando cualquier obstáculo a lo largo del sendero. Un guía con una luz tan poderosa que podría ayudarle a llegar a su destino de manera rápida.

¡Eso es lo que orar en el espíritu puede hacer por usted! Usted alcanza su objetivo cada vez, porque está dejando que el Espíritu Santo le guíe en sus oraciones y en su vida. Tal como hemos visto, Juan 16:13 nos dice:

> Pero cuando Él, el Espíritu de verdad, venga, os guiará a toda la verdad, porque no hablará por su propia cuenta, sino que hablará todo lo que oiga, y os hará saber lo que habrá de venir.

¡Qué maravillosa promesa!

Levantamiento de pesas espiritual

Orar en lenguas a diferencia de orar con su entendimiento tiene numerosos beneficios. Adicionalmente a los que ya hemos discutido, orar en lenguas en realidad le fortalece y edifica. Le ayuda a estar en forma espiritualmente.

Judas 1:20 dice: "Pero vosotros, amados, edificándoos en vuestra santísima fe, orando en el Espíritu Santo". Según este versículo, orar en el Espíritu Santo fortalecerá, o edificará su fe. Es equivalente al levantamiento de pesas espiritual. Tal como acabamos de ver en 1 Corintios 14:14-15, orar "en el Espíritu" significa orar en lenguas.

Si usted alguna vez ha hecho ejercicio, sabe que el entrenamiento de fuerza se hace con el tiempo. Usted no entra en el gimnasio un día, alza un par de pesas y sale como un campeón mundial de levantamiento de pesas.

El ejercicio físico debe ser parte de su rutina diaria si usted espera llegar a estar en forma. Y vale la pena el tiempo que se toma. Los estudios muestran que los beneficios del ejercicio son cuantiosos y que se pueden notar con rapidez, tanto física como mental y emocionalmente. El ponerse en forma le ayuda a estar más alerta y producir endorfinas que hace que usted tenga una sensación de bienestar.

De la misma forma, ¡los beneficios del ejercicio espiritual son numerosos! Los resultados pueden notarse en su espíritu, alma y hasta en su cuerpo físico. Usted ya sabe que recibirá poder para dar testimonio del Señor como resultado de recibir al Espíritu Santo. Pero tal vez no se dé cuenta que a medida que pase tiempo orando en el espíritu, usted encontrará que está más alerta y sintonizado con el Señor, su palabra se volverá más viva para usted, y su vida de oración será transformada. Adicionalmente, como dice Efesios 6:18, después de exhortarnos a ponernos la armadura de Dios, el orar en el espíritu es vital para vencer la adversidad, pues estamos en medio de una batalla: "Con toda oración y súplica orad en todo tiempo en el Espíritu", ¡es parte del arsenal que usa para ganar!

Cuando usted pase tiempo orando en el Espíritu, llegará a ser más como Jesús en el sentido en que se encontrará a sí mismo haciendo las cosas que el Padre le dé a hacer, (vea Juan 5:19).

El orar en el Espíritu es un maravilloso don sobrenatural. No me canso de decir cosas buenas acerca de eso. Usted no querrá volver a estar sin eso. Y tampoco lo quería el apóstol Pablo. Él estaba profundamente consciente de la necesidad de orar en lenguas para mantenerse fuerte espiritualmente. Creo que eso es evidente cuando Pablo dijo: "Yo quisiera que todos hablarais en lenguas", (1 Corintios 14:5).

¡Vaya! Detengámonos aquí por un momento. ¿Está la declaración anterior en la Biblia? (Quizá deba revisar la suya, solo para estar doblemente seguro).

Y ¿quién fue el autor de esa declaración? Pablo la escribió, pero el autor es el Espíritu Santo; toda Escritura es inspirada por Dios (vea 2 Timoteo 3:16).

Por consiguiente, tenemos al Espíritu Santo, por medio de Pablo, diciendo: "Yo quisiera que todos hablarais en lenguas". El darme cuenta de esta verdad me pegó tan fuertemente un día que nunca la he olvidado. Si el Espíritu Santo desea que *todos* hablemos en otras lenguas, ¿nos incluye eso a usted y a mí? Sí.

Entonces, me gustaría sugerir que este versículo podría

convencerle a superar cualquier impedimento que pudiera tener acerca del tema y abrir su corazón y espíritu para recibir esto.

¿Todavía no está convencido? Entonces tome en cuenta el testimonio personal del apóstol Pablo. Él dijo "Doy gracias a Dios porque hablo en lenguas más que todos vosotros", (1 Corintios 14:18). ¿Cuán importante es orar en lenguas para este hombre quien escribió cerca de un tercio del Nuevo Testamento? Según esta Escritura, era de primordial importancia; era parte de su estilo de vida. Pero, espere, ¡hay más!

Veamos qué más tenía Pablo que decir acerca de este tema. Si usted viene de un trasfondo denominacional como yo, puedo imaginarme bien que está ansioso para que yo le explique más. De hecho, imagino que debe estar pensando: *Espere, no leyó el resto de esos versículos. Esos donde Pablo habla acerca de los abusos de las lenguas que estaban sucediendo.* Créame, estoy familiarizado con todas las objeciones que usted pueda tener. Recuerde, se lo digo por experiencia.

Me gustaría llamar su atención al contexto en el que el apóstol Pablo escribió esas palabras. Usted, tal vez, no esté consciente de que él estaba escribiendo un *pasaje de corrección* a la iglesia de Corinto cuando escribió esos versículos. Esta corrección era necesaria porque ellos estaban orando en lenguas en momentos *inapropiados* durante un servicio congregacional de la iglesia. Él estaba señalándoles a ellos que cuando ellos se encontraban en esas ocasiones, sería mejor asegurarse de que lo que ellos estaban diciendo y orando podía ser comprendido por todos los presentes, particularmente cuando hubiese inconversos entre ellos.

Aunque mucha gente toma este pasaje en 1 Corintios 14 para decir que las lenguas no son importantes, o que orar en lenguas está mal, eso no es, para nada, lo que Pablo está diciendo.

Leamos los primeros cinco versículos de este capítulo para aclararlo:

> Procurad alcanzar el amor; pero también desead ardientemente los dones espirituales, sobre todo que profeticéis. Porque el que habla en lenguas no habla a los hombres, sino

a Dios, pues nadie *lo* entiende, sino que en *su* espíritu habla misterios. Pero el que profetiza habla a los hombres para edificación, exhortación y consolación. El que habla en lenguas, a sí mismo se edifica, pero el que profetiza edifica a la iglesia. Yo quisiera que todos hablarais en lenguas, pero aún más, que profetizarais; pues el que profetiza es superior al que habla en lenguas, a menos de que las interprete para que la iglesia reciba edificación.

Tome nota. Pablo dice que el que habla en lenguas "a sí mismo se edifica". ¿Conoce algún cristiano, incluyéndose a sí mismo, que definitivamente, no necesite ser edificado? ¿Está usted totalmente animado, completamente en paz y espiritualmente fuerte, siempre? Entonces, quizá usted no necesitaría hacer uso de esta maravillosa oportunidad. El resto de nosotros, sin embargo, estamos muy necesitados de una forma de obtener poder espiritual y refrescar nuestro espíritu y alma. ¡Y Dios la ha provisto!

Orar en lenguas es una gran bendición. Es hablarle misterios a Dios y eso edifica a la persona que ora, pero *solamente* a la persona que ora. Este era el punto de Pablo. Por otro lado, él dice, el dar una palabra profética puede edificar a cualquiera que la escucha. Por eso la profecía (o las lenguas con interpretación, que es equivalente a la profecía) es preferible en el contexto de un servicio como congregación.

No obstante, los creyentes que oran en lenguas no están siendo egoístas. Por el contrario, ellos necesitan ser edificados y fuertes, precisamente porque necesitan poder animar, ayudar y ministrar a otros. La gente derrotada, decaída y cansada no está en posición alguna de ayudar a nadie.

Pablo continua dando corrección e instrucción a la congregación en Corinto en los versículos 6 al 25. Pero note, él *nunca* descarta la validez de orar en lenguas. Él sencillamente trata de traer orden a una situación desordenada que existía en esta iglesia en particular.

Él termina su discurso diciendo:

Cuando os reunís, cada cual aporte salmo, enseñanza, revelación, lenguas *o* interpretación. Que todo se haga para edificación. Si alguno habla en lenguas, que *hablen* dos, o a lo más tres, y por turno, y que uno interprete; pero si no hay intérprete, que guarde silencio en la iglesia y que hable para sí y para Dios (Versículos 26-28).

"Que todo se haga para edificación". Ese es el punto. ¡No hay nada de malo con edificarse a sí mismo orando en lenguas! De hecho, es definitivamente algo que debemos hacer. No creo que Pablo pudiera haber resumido el caso con más perfección cuando dijo: "Yo quisiera que todos hablarais en lenguas".

Es más, los versículos 39 y 40 dicen: "Por tanto, hermanos míos, anhelad el profetizar, y no prohibáis hablar en lenguas. Pero que todo se haga decentemente y con orden".

"No prohibáis hablar en lenguas", lo dice claramente. ¡Denominaciones enteras han perdido de vista ese versículo! Se han enfocado por tanto tiempo en la parte de "decentemente" y "con orden". De hecho, ellos han hecho precisamente lo que el Señor dijo que no hicieran, y eso es: prohibirle a la gente hablar en lenguas.

Y no olvidemos que Jesús tenía algo que decir acerca de este tema también. Él dijo:

Y estas señales acompañarán a los que han creído: en mi nombre echarán fuera demonios, hablarán en nuevas lenguas; (Marcos 16:17).

En sus últimas palabras, Jesús dijo que el hablar en lenguas era una señal que seguía a los creyentes. Note el requerimiento aquí mencionado. Para poder echar fuera demonios *y* hablar en lenguas, ¿qué debe hacer?

Ser un creyente, creer, tener fe.

Un idioma puro

Un día, cuando estaba yo leyendo mi Biblia, el Señor me mostró algo más acerca de orar en este nuevo idioma, lo cual fue una de las cosas más emocionantes que jamás haya visto en la Escritura. Estaba leyendo la historia de la torre de Babel, tal vez un pasaje familiar para usted. Comienza en Génesis 11:1, con esto: "Toda la tierra hablaba la misma lengua y las mismas palabras".

¿Alguna vez se ha preguntado qué idioma hablaban? No sé si podríamos decirlo con certeza, pero podríamos asumir que ellos hablaban el mismo idioma que Adán y Eva hablaron en el huerto de Edén. Tiene sentido pensar que cuando Dios creó a la humanidad, Él les dio un idioma, y desde ese tiempo hasta el tiempo de la torre de Babel, la población de toda la tierra habló ese idioma único.

Sin embargo, cuando el pecado entró en la escena, ese idioma se convirtió en un problema. Sabemos esto porque la gente con naturaleza pecaminosa empezó a construir una torre hacia el cielo:

> Y el Señor descendió para ver la ciudad y la torre que habían edificado los hijos de los hombres. Y dijo el Señor: He aquí, son un solo pueblo y todos ellos tienen la misma lengua. Y esto es lo que han comenzado a hacer, y ahora nada de lo que se propongan hacer les será imposible. Vamos, bajemos y allí confundamos su lengua, para que nadie entienda el lenguaje del otro. Así los dispersó el Señor desde allí sobre la faz de toda la tierra, y dejaron de edificar la ciudad. Por eso fue llamada Babel, porque allí confundió el Señor la lengua de toda la tierra; y de allí los dispersó el Señor sobre la faz de toda la tierra (Génesis 11:5-9).

Imagine a la gente primitiva haciendo ladrillos de adobe, a mano, y apilándolos, uno a la vez, arriba en la atmósfera. ¿Cómo pudieron ellos construirla para que alcanzara al cielo? Es decir, ¿cómo hubieran podido alcanzar tal hazaña imposible? ¿Por qué Dios no les permitió simplemente *tratar* de construir esa torre directa a su trono? Piénselo. Ni siquiera la tecnología de hoy día nos ha permitido alcanzar al cielo. Sin embargo, la Escritura indica que ellos pudieron haberlo logrado.

También nos dice por qué era posible. Ellos podrían haberlo logrado sencillamente porque ¡hablaban un mismo idioma! Con ese idioma único, nada de lo que se propusieran hacer podía impedírseles. Con ese idioma único, podrían haber logrado todo, hasta lo que parecía imposible.

Esa era una capacidad peligrosa como para ser confiada a una humanidad pecadora. Por lo tanto, el Señor les quitó esa capacidad confundiendo su idioma.

Muy bien, ahora vamos a la parte verdaderamente buena. ¿Está listo? Ese día, mientras leía esos versículos en Génesis, el Espíritu Santo trajo a mi memoria otra Escritura, Sofonías 3:9 (NTV):

> Entonces purificaré el lenguaje de todos los pueblos, para que todos juntos puedan adorar al Señor.

Note que en este versículo, Dios dice que Él iba a *purificar* el lenguaje, no que Él iba a *dar* a los pueblos un lenguaje. Dios va a *restaurarles* un "lenguaje puro" a los pueblos.

¿A qué lenguaje supone que Él se refiere?

Solamente hay un lenguaje que es puro, y ese es el lenguaje del cielo, el lenguaje del espíritu. Creo esto por varias razones.

Primero, todos los otros idiomas han sido manchados. Cada lenguaje tiene blasfemia, obscenidad e inmoralidad mezclados en ellos. No solo eso, sino que el libro de Sofonías habla proféticamente acerca de Jesús, el Mesías, viniendo a la tierra. En este contexto, este versículo promete un lenguaje puro a un pueblo *redimido*. Sólo aquellos que creen en el Señor Jesucristo son redimidos.

En esencia, cuando tomamos en cuenta Génesis 11 y Sofonías 3 juntos, vemos que Dios dice: "La gente no puede tener este lenguaje puro (ni la capacidad) con su naturaleza pecaminosa, pero una vez haya enviado a mi Hijo y los haya redimido y cambiado su naturaleza para que sea una naturaleza santa, Yo podré devolverles (purificar) este lenguaje (y la capacidad). Este lenguaje les hará ser uno con mi Santo Espíritu, y nada de lo que se propongan les será impedido".

Recuerde, el propósito de este lenguaje según Sofonías 3:9 es: "adorar todos juntos al Señor". A la luz de eso, leamos Hechos 2:1, 4 (RVC), nuevamente:

Cuando llegó el día de Pentecostés, todos ellos estaban juntos y en el mismo lugar... Todos ellos fueron llenos del Espíritu Santo, y comenzaron a hablar en otras lenguas, según el Espíritu los llevaba a expresarse.

¿No es maravilloso que nos dice que ellos estaban "juntos", lo que se refiere a "un mismo sentir"? Sofonías 3:9 predice que cuando este lenguaje sea purificado, podremos adorar al Señor "juntos", una palabra similar, usada en el mismo sentido que en Hechos 2.

Estoy convencido de que el hablar en lenguas es el lenguaje puro del espíritu. ¡Hace que los creyentes estén juntos, en un mismo sentir, para que puedan adorar al Señor! Además, creo que es el deseo de Dios que todos hablemos el idioma celestial cuando somos bautizados en el Espíritu Santo. Así fue como sucedió en el relato del libro de los Hechos. Desafortunadamente, el error doctrinal a menudo impide que la gente pueda estar lista para recibirlo. (¡Pregúnteme cómo lo sé!)

Esto es lo que he descubierto: El hablar en lenguas es un idioma, un idioma único, maravilloso, extraordinario, que trasciende *cualquier* y *todas* las barreras. Es un idioma celestial que le permite tener comunicación directa con el Padre.

Este idioma está disponible a los creyentes, a usted, justo aquí y ahora.

Si usted es cristiano y quisiera recibirlo, puede hacerlo. El único requisito es que crea. Sólo pida el bautismo del Espíritu Santo tal como se explicó en el capítulo anterior y luego avance en fe. Pero por favor comprenda que usted tiene que dar el paso. Contrario a las nociones preconcebidas de mucha gente, usted no va a caer en algún tipo de trance y empezar a balbucear descontroladamente. El Espíritu no va a tomar control de su voluntad. Usted tendrá que hacer una decisión consciente para mover su lengua y pronunciar sonidos, dejando que el Espíritu Santo ore a través suyo.

Si lo hace, los beneficios son numerosos. A medida que le dé control de su lengua al Espíritu Santo, sus palabras empezarán a alinearse con la Palabra de Dios. Su vida empezará a alinearse con la voluntad de Dios para usted.

¿Por qué es esto tan vital? Porque sus palabras fijan el curso de su vida. ¿Qué mejor manera de fijar su curso que hablar con un idioma puro, el idioma del espíritu? ¿Qué mejor manera de domar su lengua que *cederla* diariamente, por una elección propia, al Único que tiene el poder para domarla?

Sí, la única esperanza que tenemos de domar nuestra lengua y detener el dolor, la destrucción y la muerte que puede causar es con la asistencia del Ayudador, el Espíritu Santo, a quien Jesús envió para poner las palabras de la verdad de Dios en nuestra boca.

CAPÍTULO NUEVE

LAS PUERTAS DE LA ALABANZA

*La alabanza es el domicilio de Dios; es donde Él vive. Así que
si quiere ir a donde Dios vive, tiene que ofrecerle alabanza.*
DEREK PRINCE

Es mi increíble privilegio ser el pastor fundador de una
maravillosa congregación en el área de Dallas-Fort Worth en
Texas. Desde que empezamos la iglesia con unos cuantos amigos,
hace varios años, hemos visto bendiciones extraordinarias, fruto
y crecimiento. Hoy día, tenemos el honor de reunir a miles de
creyentes, cada fin de semana, para adorar de manera edificante
y explorar la Palabra de Dios.

Por supuesto, una vez que estuve seguro que Dios me estaba
guiando para empezar una iglesia, una de las primeras decisiones
que tuve que tomar fue el nombre que debería llevar. Después de
mucha oración, el Señor me guió a un pasaje de la Escritura que
proveyó el nombre ideal para nuestra nueva iglesia, uno que en-
capsuló nuestra visión, misión y llamado.

El pasaje habla del patriarca Jacob en su trayecto, una noche
en que dormía al aire libre, bajo las estrellas. En un lugar al que
él más tarde llamaría Betel, que significa "casa de Dios", Jacob
tuvo un sueño sorprendente en el cual él vio una multitud de ángeles pasando entre la tierra y el trono de Dios en los cielos:

> Entonces Jacob se despertó del sueño y dijo: "¡Ciertamente
> el Señor está en este lugar, y yo ni me di cuenta!"; pero tam-
> bién tuvo temor y dijo: "¡Qué temible es este lugar! No es ni

más ni menos que la *casa de Dios*, ¡la puerta misma del *cielo*!"
(Génesis 28:16-17, NTV, énfasis añadido).

Por consiguiente, con la indicación y la bendición del Señor,
nombramos nuestra nueva obra *Gateway Church* [en inglés la palabra "puerta" es gateway, N. del T.] Nuestra visión y esperanza
era que llegara a ser conocida como un lugar donde la gente ham-
brienta de más intimidad con Dios la encontrara, que fuera una
puerta a una relación eterna con el Padre celestial. Y si usted pregunta en nuestra comunidad, yo creo que encontrará que Dios ha
honrado ese deseo.

Me encanta ayudar a la gente a descubrir el gozo, la paz y el
poder que viene de pasar tiempo en la presencia de Dios. Es una
de las emociones más grandes de mi vida y llamado. Por supuesto, el primer prerrequisito para experimentar la presencia de
Dios es ser nacido de nuevo y, con mi don de evangelista, ob-
tengo mucho gozo al presentarle a la gente a Aquel que hace posible una relación con Dios, Jesucristo.

Una vez que ha recibido vida espiritual a través de la fe en
Jesús, usted no experimentará automáticamente la presencia de
Dios en plenitud y poder siempre. Hay una puerta hacia los más
altos niveles de su presencia.

Cómo pasar por las puertas

Tal como aprendimos al principio de este estudio, las palabras
son conectores no solamente con la gente, sino también con Dios.
Por esa razón ningún estudio del poder de las palabras estaría
completo sin una evaluación de lo más poderoso y sorprendente
que las palabras pueden hacer. Estoy hablando de llevarle a la
proximidad cercana del majestuoso, todopoderoso Creador del
universo. (Y si no lo sabía, ¡eso es algo muy bueno!)

La clase de palabras a la que me refiero son las palabras de
alabanza. Tales palabras son una puerta literal al trono de Dios.
Isaías 60:18 hace esta conexión cuando dice: "llamarás a tus mu-
rallas salvación y a tus puertas alabanza". Note que a las *puertas*

se les refiere como *alabanza* en esta Escritura. Sin embargo, hay más de una forma de entrar a través de esas puertas.

Abrir las puertas corporativamente

¿Ha escuchado los términos "oración corporativa" o "alabanza corporativa"? No me refiero a una corporación o compañía volviéndose "religiosa". La palabra "corporativa" significa "un grupo de personas reuniéndose para hacer algo en unidad". La adoración y alabanza corporativa es un concepto muy bíblico. A través de la Biblia, vemos que se anima al pueblo de Dios a entrar en su presencia corporativamente, a través de las puertas de la alabanza. Por ejemplo: encontramos este tipo de estímulo bellamente ilustrado en las conocidas palabras del Salmo 100:4:

> Entrad por sus puertas con acción de gracias, *y* a sus atrios con alabanza. Dadle gracias, bendecid su nombre.

Este versículo fue dirigido a un grupo de adoradores congregados en Israel, durante el reinado del rey David, pero sigue siendo válido para nosotros hoy día. Si usted se ha hallado en una congregación que está alabando y adorando activamente al Señor a través de la música, posiblemente ha experimentado cuán fácil es sentir la presencia de Dios en esos momentos. Sabe que el Señor está cerca a usted y puede sentir su amor. Él hasta le puede hablar a su corazón o tocar su cuerpo físico con sanidad mientras le alaba y adora a Él.

Sin lugar a dudas, entrar a la presencia del Señor puede lograrse a través de la acción de gracias y la alabanza. La alabanza le conecta con todo lo que es Dios, su Redentor, su Sanador, su Defensor, su Paz y mucho más. ¿Por qué es la alabanza una puerta hacia Dios? El Salmo 22:3 nos dice:

> Sin embargo, tú eres santo, que habitas entre las alabanzas de Israel.

Cuando alabamos al Señor de manera corporativa (como lo hizo Israel), Él se hace presente y habita en nuestras alabanzas y se da a conocer a nosotros. No es sorpresa que a menudo sintamos su bella presencia cuando nos reunimos en alabanza.

Abrir las puertas individualmente

Todavía hay más buenas noticias. No tenemos que esperar un servicio dominical para conectarnos con Dios y experimentar la frescura que nos da su presencia. Podemos atravesar las puertas de la alabanza como individuos, en nuestro propio tiempo privado con el Señor. No es difícil comunicarse con Él. Después de todo, el mismo Espíritu de Dios habita dentro de nosotros como creyentes nacidos de nuevo. Primera a los Corintios 6:19-20 dice:

> ¿O no sabéis que vuestro cuerpo es templo del Espíritu Santo, que está en vosotros, el cual tenéis de Dios, y que no sois vuestros? Pues por precio habéis sido comprados; por tanto, glorificad a Dios en vuestro cuerpo y en vuestro espíritu, los cuales son de Dios.

Debido a que el Espíritu de Dios mora en usted, puede adorarlo a Él en cualquier momento, en cualquier lugar, y ¡Él habitará en sus alabanzas!

La palabra deja claro que las "alabanzas" sinceras siempre reciben la atención del Señor. Sin embargo, buscaría en vano por toda la Biblia tratando de encontrar evidencia de que la protesta o la queja sea una puerta a algo que no sea la autocompasión. Sólo la gente agradecida puede marchar directamente a sus atrios y llegar a su presencia a través de las puertas de la alabanza.

¿Qué sucede cuando usted entra en la presencia de Dios? El Salmo 16:11 nos dice algunos de los beneficios de estar vitalmente conectados con el Señor:

> Me darás a conocer la senda de la vida; en tu presencia hay plenitud de gozo; en tu diestra, deleites para siempre.

¿No le suena atractivo? "¡Plenitud de gozo!" "¡Deleites para siempre!" Estas son las cosas que encuentra en la presencia de Dios. Sin embargo, en realidad, Satanás ha persuadido a la gente a tener temor de la presencia de Dios. Él ha hecho un trabajo brillante al convencer, incluso, a creyentes maduros de que Dios está enojado con ellos, y que cualquier tiempo que pasen en su presencia probablemente será lleno de lo opuesto al placer y al gozo: condenación, crítica y rechazo.

Por supuesto, el diablo es un mentiroso. Pero cuán trágico es que muchos de los hijos de Dios han sido engañados para que le tengan miedo a Él. Puedo testificar, basado en los años de experiencia personal, que hay un gran gozo en la presencia de Dios. Es bueno estar allí. Y mientras más lo experimente por completo, más lo querrá.

El hecho es que toda necesidad en su vida puede ser cubierta en Dios. Sin importar en qué circunstancia o situación se encuentre, todo lo que verdaderamente necesita hacer es conectarse, a través de sus palabras, con el Padre celestial, quien le ama.

Por ejemplo, si usted tiene deudas, necesita entrar en su presencia y aprender de su sabiduría para obtener la libertad financiera. Si es adicto a las drogas, alcohol, tabaco o pornografía, usted necesita estar en su presencia donde encontrará el poder para romper esas ataduras sobre su cuerpo y su alma. Si está a punto de divorciarse, necesita estar en su presencia y obtener su gracia y ayuda para salvar su matrimonio.

La presencia manifiesta de Dios en su vida es *la* respuesta a estas y todas las demás situaciones que pueda estar enfrentando. Es algo maravilloso darse cuenta que puede entrar a la presencia de Dios a través de las puertas de la alabanza y recibir lo que usted necesita de Él.

Entonces, ¿por qué no separar un periodo de tiempo hoy, y todos los días, solo para adorar y alabar a Dios? Piense acerca del hecho de que usted tiene la capacidad de entrar a su presencia y experimentar plenitud de gozo. Piense acerca del hecho que usted puede acercarse a Él y recibir ánimo, consuelo, ayuda y bendición. ¡Es fácil! Solamente abra su boca y entre directamente a través de las puertas de la alabanza.

Pronunciar vida

Sus palabras abren puertas. Cuando habla, usted: abre una puerta de alabanza para que Dios entre, o abre una puerta del infierno para que el enemigo entre. "Abrir puertas" no es opcional. La única pregunta es: ¿*Cuál* puerta abrirán sus palabras?

Si abre una puerta de alabanza, Dios entra en escena y trae vida. Así que, si hay una persona enferma que necesita sanidad, una montaña que necesita ser movida o un mar que necesita ser partido, Aquel que puede hacer todas esas cosas se presenta cuando su boca está en acuerdo con la Palabra de Dios.

Si su boca habla cosas contrarias a la palabra, usted abre la puerta para que el diablo entre a la escena: muerte, enfermedad, destrucción, derrota, desánimo y depresión van detrás de él.

Cerremos el círculo en este estudio. ¿Recuerda el versículo con el que empezamos?

> Con el fruto de su boca el hombre sacia su vientre, con el producto de sus labios se saciará (Proverbios 18:20).

Si alguna vez ha conocido a una persona verdaderamente satisfecha, puede saber que esa persona dice las cosas correctas. Esa persona está, consistentemente, pronunciando palabras de vida provenientes de la Palabra de Dios.

Lo contrario también es cierto. Si alguna vez ha conocido a una persona que no está satisfecha con la vida, es porque la boca de él o ella no está alineada con la Palabra de Dios. Eche un vistazo al siguiente versículo, el cual vimos al inicio de este estudio:

> Muerte y vida están en poder de la lengua, y los que la aman comerán su fruto (Versículo 21).

Dividamos ese versículo y respondamos una pregunta que me estuvo molestando por un buen tiempo cuando empecé a estudiar y prepararme para esta enseñanza. El versículo dice: "Los que *la* aman comerán *su* fruto".

¿Amar qué? ¿A qué se refiere *la*?

Hay varias respuestas posibles para esta pregunta. Podríamos decir que *la* se refiere a la muerte: Los que aman la *muerte* comerán el fruto de la muerte. O, podríamos decir que *la* se refiere a la vida: Los que aman la *vida*, comerán del fruto de la vida. También podríamos decir que *la* se refiere a la lengua: Los que aman *la lengua* comerán del fruto de la lengua.

En mi opinión, ninguna de esas respuestas es correcta. Yo creo que en lugar de preguntarnos a qué se refiere *la* deberíamos ocuparnos de *el*, porque el fruto al que se refiere este versículo es el de *"el poder de la lengua"*.

Dado el caso, podríamos leer Proverbios 18:21 de esta manera: "Muerte y vida están en *el poder de la lengua* y los que aman [respetan, honran o abrazan] *el poder de la lengua* comerán su fruto". Yo creo que es una paráfrasis justa de ese versículo y es consistente con la verdad que el Señor quiere que recibamos.

En otras palabras, si entendemos el *poder* que llevan nuestras palabras, si entendemos el *poder* que está presente en nuestras palabras de alabanza, experimentaremos los resultados de ese *poder*.

Lo que sucede cuando estamos de acuerdo con Dios

Cuando busqué de todo corazón al Señor para entender este versículo, recibí una revelación que creo que usted agradecerá. Antes de explicársela, permítame hacerle esta pregunta: ¿Tenemos el poder para crear vida con nuestra boca?

Muchos cristianos carismáticos probablemente responderían: Sí. Sin embargo, yo no creo que *sí* es la respuesta correcta. La razón por la que lo digo es porque solamente Dios, que es *el* Creador, tiene el poder para crear vida. El Creador, sin embargo, nos ha dado, a usted y a mí, el poder para estar de acuerdo con Él y hablar su palabra, y de esta manera, ser facilitadores de su vida con *nuestras* palabras.

¿Puede ver la diferencia? La Palabra de Dios es vida. Proverbios 4:20-22 lo dice así:

Hijo mío, presta atención a mis palabras, inclina tu oído
a mis razones; que no se aparten de tus ojos, guárdalas en
medio de tu corazón. Porque son vida para los que las hallan.

Si las palabras suyas están de acuerdo con la Palabra de Dios, el
Señor entra en escena y se crea la vida. Por otro lado, si sus palabras están de acuerdo con lo que el enemigo quiere que pase en su
vida, usted puede estar seguro que él va a estar allí, antes de que
usted pueda darse cuenta, para ocuparse en traer la destrucción
que usted ha dicho con su boca.

Al diablo sencillamente le encanta oír a la gente decir cosas como:

- Mi matrimonio nunca tendrá éxito.
- Nunca saldremos de deudas.
- ¡Estos niños me están volviendo loca!
- Mi esposo nunca será salvo.

¡Ese tipo de palabras es justo lo que su enemigo anhela escuchar! Él está listo para ayudar a que esas cosas sucedan, cuente
con ello. La vida *y* la muerte están en el poder de su lengua.

Cuando estamos de acuerdo con la palabra del Creador y decimos esas cosas con nuestra boca, el Creador verá que esas cosas
sucedan. En Juan 14, eso justamente es lo que Jesús dice:

¿No crees que yo estoy en el Padre, y el Padre en mí? Las
palabras que yo os digo, no las hablo por mi propia cuenta,
sino que el Padre que mora en mí es el que hace las obras
(Versículo 10).

Jesús hablaba las palabras que oía decir a su Padre, y su Padre
hacía la obra. De la misma manera, la Biblia es la Palabra de Dios
para nosotros. Si decimos lo que oímos a Él decir en la Biblia, entonces el Padre, el Creador, hará la obra.

Permítame darle una ilustración. Digamos que un hombre se
me acerca después de un servicio y dice: "Pastor Robert, por favor,
ore para que yo reciba sanidad". Cuando oro con él, él es sanado.

¿Lo sané yo? Por supuesto que no. *Dios lo sanó.* Yo
sencillamente oré por él. Yo solamente dije las cosas que he

escuchado a mi Padre decir en su palabra. Dios, el Creador, tiene el poder de la vida. De manera que cuando estamos de acuerdo con Dios, recibimos vida en nuestros matrimonios, nuestras familias, nuestras finanzas, etc. Si no nos ponemos de acuerdo con Dios, recibimos lo opuesto. Tenemos que entrar en acuerdo con Dios; su presencia hace el milagro.

Aquí hay otro versículo que representa claramente este principio, pero que, en mi opinión, ha sido malentendido con frecuencia:

> Además os digo, que si dos de vosotros se ponen de acuerdo sobre cualquier cosa que pidan *aquí* en la tierra, les será hecho por mi Padre que está en los cielos. Porque donde están dos o tres reunidos en mi nombre, allí estoy yo en medio de ellos (Mateo 18:19).

Contrario a la creencia popular, no es el acuerdo lo que trae el milagro. Las palabras operativas en este versículo son *"les será hecho"* y *"por"*. No es hecho *por* ellos *para* el Padre. *Les es hecho a* ellos *por* el Padre. ¡El Padre es el que hace la obra! Esto explica *por qué* hay poder en el acuerdo. Las palabras de acuerdo traen a Dios a la escena. Y cuando Dios se hace presente, el poder sobrenatural llega. ¿No fue eso cierto en la vida de Jesús cuando Él estuvo en la tierra? Cuando Él llegaba, ¡sucedían cosas poderosas! Su presencia se caracterizaba por señales, maravillas y milagros.

Bartimeo, quien estuvo ciego, le diría que eso fue cierto después que Jesús le restauró la vista. La mujer que tocó la orilla del manto de Jesús y "y al instante la mujer quedó sana" (Mateo 9:22), no dudaría en decirle que *solo* Jesús tenía el poder para sanarla. Las multitudes que vieron a Jesús tomar cinco panes y dos peces y alimentarlos a todos le dirían que había poder sobrenatural en su presencia.

La lista podría continuar y continuar. Ambos, el Antiguo y el Nuevo Testamentos están llenos de relatos del poder sobrenatural de Dios en acción. Para Dios es natural ser sobrenatural. La clave es hacer que Él se haga presente. Y la manera en que hacemos que Él se presente es estando de acuerdo con su palabra y alabar su nombre. Nuestras bocas traen la presencia de Dios y la presencia de Su poder.

El Salmo 50:23 lo dice de esta manera: "Quien ofrece un sacrificio de alabanza me da gloria: al de conducta íntegra le haré ver la salvación de Dios" (BLPH).

Dios desea bendecirle. Él desea responder sus oraciones. Él desea concederle los deseos de su corazón. Lo único que necesita hacer es entrar en su presencia y recibir de Él. Y tal como ya lo hemos discutido, hay una forma correcta de entrar en su presencia: a través de las puertas de la alabanza. Sus palabras son la clave.

Hablar el lenguaje del elogio a otros

Hemos visto lo crucial que son nuestras palabras cuando nos acercamos a Dios. Ahora, hablemos por un momento acerca de su importancia cuando tratamos con la gente.

Primero, debido a que todas las personas han sido creadas a imagen y semejanza de Dios, no debería sorprendernos que muchos de los principios relacionados a acercarnos a Dios pueden aplicarse a nuestras relaciones humanas.

¿Cree que cuando usted se acerca a alguien con un espíritu de enojo y mezquino, va a hacer que esa persona le escuche favorablemente? Por supuesto que no. Lo opuesto es verdad. Cuando usted se acerca a alguien con un espíritu de amor y elogio, esa persona está más dispuesta a escucharle y a recibir lo que usted tenga que decir o a ayudarle con su solicitud.

Por consiguiente, la alabanza no solamente abre la puerta a la presencia de Dios, también le abre puertas con la gente.

Elogie a su cónyuge

Si usted está casado, estoy seguro que sabe de qué hablo. Por ejemplo, si una esposa quiere que su esposo saque la basura, ella debe pedírselo en la forma correcta *si* quiere obtener resultados positivos. Con agobiarlo, probablemente, no lo logrará. El quejarse definitivamente tampoco hará que él saque la basura. Pero si la petición se hace con la intención correcta, en la forma correcta, ese hombre sacará la basura y posiblemente, ¡hasta lave los platos!

Por supuesto, el mismo principio se aplica cuando un esposo se comunica con su esposa.

La mayoría de las veces, cuando hay una ruptura en la comunicación, no es que lo que se dijo o pidió sea *malo*, sino que ha sido dicho de la *manera incorrecta*. La manera en que decimos lo que decimos es importante. Y debido a que estamos hechos a imagen de Dios, la gente tiende a recibir lo que decimos y a concedernos lo que pedimos si nuestras palabras están cubiertas de amor, honor y respeto.

Yo creo que la mujer virtuosa, de quien se habla en Proverbios 31, comprendía y practicaba este principio de comunicación. Si usted lee la historia, encontrará que básicamente enumera las virtudes de esta mujer. En Proverbios 31:23, justo en medio de la lista de sus logros, leemos:

> Su marido es conocido en las puertas, cuando se sienta con los ancianos de la tierra.

Es algo sorprendente para mí que en este pasaje no se mencione ni una palabra acerca del carácter del esposo de esta mujer. Proverbios 31 habla del carácter de ella y de sus logros, lo que me lleva a concluir que el éxito de su esposo era considerado como uno de los logros de *ella*.

Puedo imaginarme a esa joven pareja caminando de brazos, por las puertas de la ciudad. Cada vez que pasaban por allí, esa esposa prudente le susurraba a su esposo en el oído: "Un día, tú vas a sentarte allí, en esas puertas. Yo creo en ti. Eres un gran hombre de Dios. Eres un hombre sabio y maravilloso. Un día, serás un anciano respetado".

Creo que esta mujer virtuosa se hizo el propósito de edificar a su esposo y elogiarlo. Sospecho que fueron sus palabras las que hicieron que Dios se involucrara y trajeron vida a su esposo y a su futuro. Imagino que sus palabras tenían que ver con el éxito de su esposo.

Todos necesitamos escuchar que valemos y que alguien cree

en nosotros. Nos anima a continuar haciendo lo bueno. Mark Twain habló por muchos hombres cuando dijo: "¡Puedo sobrevivir dos meses de un buen halago!".

Los halagos sinceros, o elogios, nos dan energía. Si duda que es cierto, piense en la última vez que usted recibió cualquier tipo de halago. ¿Cómo le impactó? ¿Cuáles fueron los resultados al recibir ese elogio? ¿Qué reacciones ha recibido cuando usted ha elogiado a otros?

Necesitamos recordar que tenemos la capacidad de elogiar a nuestro cónyuge y ayudarle a alcanzar el propósito para el cual Dios le creó.

Elogiar a nuestros hijos

El hablarle el lenguaje del elogio a sus hijos hará maravillas por ellos también. Por esa razón es importante buscar oportunidades para elogiarlos sinceramente. Cuando usted pronuncia palabras de alabanza, Dios se presenta en la escena.

En su excelente libro *Los cinco lenguajes del amor de los niños*, Gary Chapman dice esto acerca de las palabras de elogio y estímulo:

> Tales palabras son como una suave y cálida lluvia cayendo sobre su alma; ellas nutren la sensación interna de estima y seguridad del niño. Aunque dichas palabras se digan rápidamente, no se olvidan pronto. Un niño cosecha los beneficios de por vida.[18]

Es importante elogiar a nuestros hijos por su esfuerzo, así como por sus logros. ¿Cuántas veces ha tenido que hacer algo difícil y ha prevalecido, simplemente porque usted perseveró? Enséñeles a sus hijos que los ganadores nunca se rinden. Elogie a sus hijos mientras aprenden a perseverar.

Hasta las fuentes seculares han descubierto y validado este principio bíblico. Vea esta observación de *Psychology Today*:

> La determinación podría resultar ser casi tan buen indicador del éxito futuro como el talento mismo. En una serie de estimulantes estudios nuevos por la Universidad

de Pensilvania, los investigadores descubrieron que las personas con determinación tienen más posibilidades de alcanzar el éxito en los estudios, el trabajo y otras ocupaciones, quizá porque su pasión y compromiso les ayuda a soportar los inevitables reveses que ocurren en cualquier proyecto a largo plazo. En otras palabras, no solamente el talento importa, sino también el carácter.[19]

Ayude a sus hijos a desarrollar el carácter que necesitan para tener éxito en la vida. Elógielos por hacer un sincero esfuerzo, aunque no lo hagan bien. Elógielos cuando traten nuevamente y perseveren hasta alcanzar los resultados que ellos buscan. Aun cuando sus hijos hagan las cosas mal, hábleles en términos positivos. Hágales saber que usted cree en ellos, que usted cree que son buenos chicos.

Por ejemplo, usted puede decir algo como: "Yo sé que eres un gran chico, entonces, ¿por qué pegaste a tu hermanito con cinta adhesiva al carro? ¡Tú no eres así!".

Crea lo mejor de ellos, así es como Dios piensa de ellos. Él cree lo mejor de nosotros. Eso no significa que no se deba aplicar corrección por la mala conducta, porque lo niños necesitan saber que hay consecuencias por portarse mal. Pero también necesitan saber que usted los ama y que tiene confianza en ellos, ¡sin importar lo que pase!

Aprenda a pronunciar el lenguaje de elogios sobre sus hijos, es el lenguaje de la vida.

Superar las situaciones de la vida

La alabanza también abre otra puerta muy importante, la puerta al poder de Dios. Encontramos este principio en Isaías 61, un pasaje de la Escritura que nos da un maravilloso vistazo profético del alcance del poder y ministerio de Jesús. El tercer versículo en este capítulo nos da mayor entendimiento del poder de la alabanza. Dice que el Mesías prometido será enviado:

Para conceder que a los que lloran *en* Sion se les dé diadema en vez de ceniza, aceite de alegría en vez de luto, manto de alabanza en vez de espíritu abatido; para que sean llamados robles de justicia, plantío del Señor, para que Él sea glorificado.

Enfoquémonos en la revelación de que Jesús nos da un "manto de alabanza en vez de espíritu abatido". Esas son noticias especialmente buenas hoy día. Según el Instituto Nacional de la Salud:

> La depresión se está volviendo cada vez más común en los Estados Unidos e internacionalmente. Aproximadamente 18.8 millones de adultos estadounidenses, o cerca del 9.5 por ciento de la población de los Estados Unidos mayores de 18 años, en el transcurso de un año, tiene un desorden depresivo.[20]

¿Por qué sucede esto? Porque hay un espíritu abatido en la tierra hoy día. El enemigo está aplastando a la gente y tratando de mantenerlos caídos, en otras palabras, los está *de*-primiendo. ¿Sabe cuál es la forma principal en que lo hace?

Por medio de las palabras.

De hecho, las personas pueden persuadirse a sí mismas a entrar a un completo estado de depresión. Creo que la mayoría de la gente admitiría haber hecho esto en alguna ocasión. Yo sé que yo lo hice. ¿Recuerda alguna vez haber hablado fatalidad y desesperación sobre una situación? ¿Sabe que en ese momento estaba invitando a un espíritu de depresión a instalarse en su vida?

¡Gracias a Dios que nos ha dado Isaías 61:3 como la receta para esa condición! Pronunciar palabras de vida y cantar alabanzas a Dios hará huir la depresión. El enemigo no puede permanecer en la presencia de Dios, y cuando usted pronuncia la Palabra de Dios y canta alabanzas a Él, Dios se presenta en la escena y la depresión no tiene otra opción que irse.

Según la Biblia, ponerse el *manto* de alabanza es el antídoto contra el espíritu abatido. Como creyentes, usted y yo tenemos la responsabilidad de vestirnos de alabanza, muy similarmente como cuando nos vestimos en la mañana. La alabanza debería ser parte de nuestro armario. Si adoptamos el hábito de alabar al

Señor cada día, y periódicamente a lo largo del día, ese espíritu abatido no podrá acercarse a nosotros.

Posiblemente esté familiarizado con Efesios 6, donde se nos exhorta a ponernos toda la armadura de Dios, para que podamos resistir al enemigo (vea el versículo 11). En ese pasaje se nos dice que nos pongamos el casco de la salvación, la coraza de justicia, calzar nuestros pies con el apresto del evangelio de la paz y tomar la espada del espíritu. Debemos vestirnos de esta forma:

> Porque nuestra lucha no es contra sangre y carne, sino contra principados, contra potestades, contra los poderes de este mundo de tinieblas, contra las *huestes* espirituales de maldad en las *regiones* celestiales. Por tanto, tomad toda la armadura de Dios, para que podáis resistir en el día malo, y habiéndolo hecho todo, estar firmes (Versículos 12-13).

Yo recomendaría mucho añadir el manto de la alabanza a este atuendo diario por las mismas razones listadas aquí en Efesios 6. El espíritu abatido es parte del arsenal del diablo. Si está luchando contra la depresión o problemas mentales, usted no está luchando contra carne ni sangre; está en una batalla contra espíritus de maldad.

Vestir el manto de la alabanza

Dios le ha dado una excelente forma de ganar la batalla. Es simple, de verdad. ¡Solamente póngase el manto de la alabanza! Comience por alabar a Dios por haberle salvado. Agradézcale por lo que Él ya ha hecho en su vida. Alábele por su bondad y por lo que espera que Él hará en su vida. ¡Continúe alabándole hasta que el espíritu abatido huya de usted!

Recuerde, el poder de la vida y de la muerte está en la lengua. Y hay poder en la alabanza. Cuando usted pronuncia palabras que dan vida y que están de acuerdo con la Palabra de Dios, Dios entra en la escena y trae vida consigo. ¡Él es más grande que cualquier demonio! Cuando Él se hace presente, ¡ningún demonio se queda merodeando!

Podría parecer difícil alabar a Dios cuando todo lo que usted quiere hacer es llorar. A veces, es un sacrificio alabar. Por eso Hebreos 13:15 dice: "Por tanto, ofrezcamos continuamente mediante Él, sacrificio de alabanza a Dios, es decir, el fruto de labios que confiesan su nombre".

Necesitamos alabar a Dios, *especialmente* cuando no tenemos ganas de hacerlo. ¡Necesitamos alabarlo especialmente cuando es un sacrificio! Lo alabamos a Él por fe. Eso es lo que vencerá los sentimientos de depresión. Las palabras de alabanza atan al enemigo. Las palabras de alabanza abren la puerta al poder de Dios.

El Salmo 149 resume bellamente el poder de la alabanza:

> *Sean* los loores de Dios en su boca, y una espada de dos filos en su mano, para ejecutar venganza en las naciones, *y* castigo en los pueblos; para atar a sus reyes con cadenas, [sus reyes de la oscuridad, de las mentiras, de la incredulidad, del miedo, del cáncer o lo que sea a lo que le temen, para atar a su rey con cadenas] y a sus nobles con grillos de hierro; para ejecutar en ellos el juicio decretado: esto es gloria para todos sus santos. ¡Aleluya! (Versículos 6-9).

Cuando entramos por las puertas de la alabanza podemos ejecutar un juicio contra nuestro enemigo. Tal como el último versículo de ese salmo lo señaló, este es un gran honor sin duda. Por supuesto, el honor más grande de todos es el privilegio de entrar en la presencia de Dios a través de las puertas de la alabanza. ¡Es allí donde encontramos plenitud de gozo y vida eterna! Es allí donde podemos estar de acuerdo con el Creador de la vida y ¡Él puede llevar vida a cada situación nuestra!

Este es otro aspecto sorprendente del poder de nuestras palabras.

CAPÍTULO DIEZ

¡OH, CUÁNTO IMPORTAN SUS PALABRAS!

Tal como creo que ha visto a lo largo de las páginas de este libro, y más importante aún, en las páginas de la Biblia, sus palabras importan más de lo que puede imaginar.

Hemos hecho un inventario difícil pero sincero de las maneras hirientes y negativas en las que usamos nuestra lengua. Y hemos visto cómo el Espíritu Santo quiere asociarse con nosotros para domar nuestra lengua y volverlas instrumentos poderosos de vida, ánimo, esperanza y amor.

Permítame concluir nuestra trayectoria con un ejemplo extraordinario de la Biblia y un evento muy significativo en mi propia vida. Primero, déjeme mostrarle un pasaje de los evangelios que resume todo el tema de este libro:

> Él [Jesús] les dijo: "Y vosotros, ¿quién decís que soy yo?" Respondiendo Simón Pedro, dijo: "Tú eres el Cristo, el Hijo del Dios viviente". Y Jesús, respondiendo, le dijo: "Bienaventurado eres, Simón, hijo de Jonás, porque *esto* no te *lo* reveló carne ni sangre, sino mi Padre que está en los cielos. Yo también te digo que tú eres Pedro, y sobre esta roca edificaré mi iglesia; y las puertas del Hades no prevalecerán contra ella".

En el capítulo anterior, descubrimos cómo entrar por las puertas de la alabanza. En este pasaje de la Escritura, Jesús habla de asaltar las puertas del infierno. Y en ambos casos, las palabras son la clave. Él acababa de preguntarle a sus discípulos: "¿Quién *dice* la gente que soy yo?". Los discípulos respondieron: "Algunos *dicen* uno de los profetas; otros *dicen* Elías, y algunos *dicen* Juan el Bautista". Luego Jesús los pone en un aprieto. "¿Quién *dicen ustedes* que soy yo?"

Pedro, inspirado e iluminado por el Espíritu Santo, declara: "Tú eres el Mesías. A quien hemos estado esperando. El Hijo de Dios. ¡Yo lo creo!". Esta revelación llenó su corazón y luego salió de su boca. (Recuerde, de la abundancia del corazón habla la boca.)

Note lo que Jesús dijo al oír la declaración verbal de Pedro. Él señaló las palabras de Pedro y dijo: "Es sobre eso que voy a edificar mi iglesia".

Tenga presente una de las verdades principales que observamos al principio de este estudio: El pecado ha creado un enorme abismo entre Dios y el hombre. No había manera de que creáramos un puente para regresar a Dios. Pero Él nos amó tanto, que construyó el puente. Su nombre es Jesús. La Biblia dice que Él envió su palabra y "El Verbo (la Palabra) se hizo carne" (Juan 1:14, NBLH).

Ahora recuerde las palabras de Romanos 10:9-10:

> Si confiesas con tu boca a Jesús *por* Señor, y crees en tu corazón que Dios le resucitó de entre los muertos, serás salvo; porque con el corazón se cree para justicia, y con la boca se confiesa para salvación.

Tome en cuenta esta maravillosa verdad frente a la revelación de Pedro. Jesús había preguntado: "¿Quién dicen ustedes que soy yo?". La respuesta inspirada de Pedro fue: "¡Tú eres el Cristo! ¡Eres el Hijo del Dios viviente!". Aquí tenemos una creencia del corazón y una confesión de la boca acerca de Jesús como el Hijo de Dios y el Salvador. En otras palabras, según este pasaje en Romanos, parece que Pedro fue la primera persona sobre la tierra en ser salvo.

Luego, Jesús dijo: "¡Estás en lo correcto! Y déjame decirte algo más, Pedro. Tú creíste en tu corazón y confesaste con tu boca que yo soy el Hijo de Dios, y yo voy a edificar mi iglesia sobre esa combinación exactamente. Voy a edificar una iglesia gloriosa, victoriosa y que cambie el mundo sobre gente que creerá en su corazón y confesará con su boca. Y el infierno mismo no podrá resistir el poder de esa combinación dinámica".

Piense en eso. El infierno no puede prevalecer contra su paso de creer en su corazón y confesar con su boca el Señorío de Jesucristo. Satanás, sencillamente, no puede prevalecer contra eso.

Las palabras son muy importantes. Tenemos que hacer que nuestras palabras se ajusten a la Palabra de Dios, porque cuando lo hacemos, hay vida en ellas.

Ahora, quiero darle un ejemplo específico que significa mucho para mí.

En el segundo año de haber fundado Gateway Church, una pareja joven se unió a nuestro pequeño personal, Thomas y Mary Beth Miller. Ambos son personas extraordinariamente dotadas, musical, artística y espiritualmente. Thomas se convirtió en nuestro pastor de adoración y continúa en esa posición hasta el día de hoy. Nosotros no sabíamos prácticamente nada acerca de esta pareja cuando ellos llegaron, excepto el hecho de que Dios, claramente, los había enviado. Y qué bendición han sido a la larga para nuestra congregación y para el cuerpo de Cristo.

No habían estado mucho tiempo con nosotros cuando, durante un servicio nocturno de adoración, sucedió algo extraordinario. Thomas estaba en la plataforma guiándonos en un tiempo de adoración muy dulce y Mary Beth era una de las cantantes de adoración que estaban con él. Llegamos a un punto donde la presencia de Dios era muy tangible y fuerte. (Recuerde, la alabanza es la puerta a la presencia de Dios.)

En ese momento, vi a Mary Beth. Ella tenía una hermosa sonrisa en su rostro mientras estaba entregada a la adoración. Pero al verla, el Espíritu Santo abrió mis ojos. Vi un espíritu de muerte. Más específicamente, vi un espíritu de temor a morir.

Me pareció que Mary Beth, durante mucho tiempo, había estado luchando contra el temor de que iba a morir joven. Tenga presente que en ese momento, yo no tenía conocimiento natural de su pasado. No sabía que la madre de ella había muerto cuando Mary Beth era todavía una niña. Tampoco sabía que Mary Beth se había recuperado recientemente de cáncer cervical, un terrible roce con una enfermedad que había dejado serias dudas médicas acerca de su capacidad para concebir hijos alguna vez.

Por consiguiente, yo no sabía que, en su mente, ella llevaba el agobiante temor de que iba a morir joven también, hasta que el Espíritu Santo me lo reveló en ese instante.

Más tarde, cuando subí a la plataforma para predicar mi mensaje, Mary Beth había tomado su lugar en la primera fila. La vi y dije: "Mary Beth, Dios tiene una palabra para ti. Él te ama y Él está aquí esta noche para quebrantar el temor de morir joven".

Las lágrimas que vinieron instantánea y profusamente sobre el rostro de Mary Beth me dejaron saber que yo había escuchado y visto con precisión. Yo continué: "Es un espíritu de temor, y no va a gobernar sobre ti más. Escucha, el Señor dice: "No vas a morir joven. Es más, vas a ser madre y abuela. Mary Beth Miller, tú vas a cargar a tus nietos".

Mientras le decía esas palabras a Mary Beth, la fe aumentó en su corazón y salió de su boca una confesión llena de gozo: "¡Yo lo recibo! ¡Gracias, Padre!". Mary Beth testificará que ese yugo de temor que la había atado y atormentado durante muchos años fue quebrantado esa noche. Pero ese no es el final de la historia.

El 9 de diciembre del 2004, Mary Beth dio a luz a un hijo, Thomas Harrison Miller tercero. Un día después, Debbie y yo visitamos a Thomas y Mary Beth en el hospital y fue un privilegio para mí cargar en mis brazos a ese milagro y ver el dulce rostro de una vida recién nacida.

Por favor, no piense que estoy compartiendo esta historia felicitándome a mí mismo o esperando que usted se impresione con mi percepción espiritual. Sencillamente fue mi privilegio esa noche en la iglesia el hacer lo que está disponible para cualquier creyente, incluyendo a los niños y a los cristianos recién convertidos. Sencillamente escuché al Espíritu Santo y dije sus palabras.

Dios usó esas palabras como un puente al corazón de una mujer dolida. Dios trajo vida. Y Él creó vida.

El poder de la vida y de la muerta está en su lengua. Oro para que usted lo use sabiamente. Oro que usted hable vida sobre su familia, sus amigos y su ministerio. Oro para que usted someta su lengua a Aquel que tiene el poder para domarla, el Espíritu Santo, y que usted obtenga provecho para sí mismo del lenguaje del cielo edificándose para su servicio.

Finalmente, oro para que usted pronuncie palabras que estén de acuerdo con la Palabra de Dios. Como hemos visto, sus palabras pueden estar de acuerdo con las de Dios, las cuales tienen el poder de llevar vida, o pueden estar de acuerdo con las de Satanás. Y él solo quiere robar, matar y destruir. La elección es suya. ¿Con quién quiere estar de acuerdo?

Sí, sus palabras tienen el poder de la vida y de la muerte. ¡Qué gran responsabilidad! ¡Qué gran privilegio!

Guía de estudio

Para facilitar la meditación y discusión en grupo

Prefacio

1. Lea Génesis 12:3. Busque la cláusula "de manera que". ¿Cuál fue el máximo propósito por el cual Dios bendijo a Abraham?

2. Ahora lea 3 Juan 2. Si usted tiene prosperidad, salud y bendición en su vida, ¿cuál cree usted que sea el máximo propósito de Dios para bendecirle con estas cosas?

3. Lea Deuteronomio 8:17-18. ¿Indique una idea equivocada acerca de dónde proviene la riqueza? ¿De dónde proviene *realmente* la riqueza y cuál es su propósito?

4. ¿Puede identificarse con la historia del explorador? ¿Hay verdades en las Escrituras que usted siente que ha llevado demasiado lejos? ¿Hay algunas sobre las que deba aprender más?

CAPÍTULO UNO

La fuerza en una palabra

1. ¿Cuál sería su definición de una boca que es como un "arma cargada"? ¿Cuándo ha sido su boca como un arma cargada? ¿Qué clase de escenarios hacen que usted dispare su boca?

2. ¿Puede recordar momentos específicos cuando su boca le metió en problemas? ¿Cuál fue el momento más doloroso, ya sea para usted o para otra persona? ¿Ha habido un cambio en su boca desde esa vez? ¿Por qué sí o por qué no?

3. ¿De qué manera han causado heridas sus palabras en sus relaciones familiares y con amigos en el pasado?

4. ¿Qué siente que puede hacer para aprender a controlar su lengua?

CAPÍTULO DOS

Conexiones verbales sin las que no puede vivir

1. Lea Juan 1:1 y 14. Jesús, el Verbo encarnado, ¿en qué forma es Él la expresión visible del Dios invisible? ¿De qué manera tiende Él un puente sobre la brecha entre lo espiritual y lo físico?

2. En este capítulo hay varias palabras que tienden puentes. ¿Qué debe suceder para que dos personas se conozcan?

3. Las palabras son espiritualmente poderosas, una lección que Satanás conoce muy bien. Según Génesis 3:1-8 y Mateo 4:1-11, ¿cuál es la línea de ataque de Satanás? ¿Por qué empieza él allí?

4. Tiempo de autoevaluación. Si lo que Jesús dijo es verdad (¡y lo es!), que "de la abundancia del corazón habla la boca" (Mateo 12:34), ¿qué ha estado saliendo de su boca últimamente? ¿Bendiciones? ¿Ánimo? ¿Tutoría constructiva? ¿Amor? ¿Maldiciones? ¿Palabras de desánimo? ¿Comentarios destructivos?

¿Amargura? Tómese un momento para orar ahora mismo, y luego escuche la respuesta de Dios a su corazón. Escriba sus pensamientos abajo.

5. "Deje de pronunciar muerte sobre su salud, sus finanzas, su matrimonio y sus demás relaciones". ¿Cómo y cuándo ha "pronunciado muerte" sobre estas áreas de su vida? Tómese un momento para escribir sus pensamientos sobre por qué es esto importante y cómo afecta a sus relaciones más cercanas.

6. "Comience a dejar que su boca se alinee con la Palabra de Dios". Digamos que usted ha tenido una enfermedad repentina, o una pérdida repentina en sus finanzas (o una perdida lenta, pero constante), o una dificultad fuerte en su matrimonio (o en alguna otra relación). ¿Qué es lo que debe hacer en estas situaciones?

7. ¿Cómo puede "pronunciar vida" sobre una situación que parece "muerte"? Escriba sus pensamientos abajo.

CAPÍTULO TRES

¿Puedo hablar con libertad?

1. Si la gente dijera exactamente lo que primero le viene a la mente, ¿cuál sería el resultado?

2. Según los principios bíblicos en este capítulo, ¿cuáles restricciones son apropiadas para ponerle a su forma de hablar?

3. Efesios 4:25 dice: "hablad verdad cada cual con su prójimo". Pero Job 6:25, dice: "¡Cuán dolorosas son las palabras sinceras!" Si la verdad puede ser tan dolorosa, ¿qué se supone que debemos hacer? (Lea Efesios 4:15.)

4. Lea Efesios 4:15 nuevamente. Si usted no puede decir la verdad "en amor", ¿qué debería hacer?

5. Piense acerca de las bromas hirientes y el "solo bromeaba" que usted ha experimentado. ¿Qué clase de bromas son apropiadas

y qué clase no lo son? ¿Dónde está el límite? Si se da cuenta que se pasó, ¿qué debería hacer inmediatamente?

6. ¿Cuánto duran nuestras palabras malintencionadas? ¿Por qué es tan difícil olvidar las cosas maliciosas e insultantes que nos dicen o que dicen sobre nosotros? ¿Cómo podemos librarnos de esas "maldiciones"?

7. ¿Cuándo fue la última vez que alguien le dijo palabras que realmente le dieron vida y sanidad? ¿Ha tenido momentos como esos, momentos que transformaron su vida? Escriba sus pensamientos abajo.

CAPÍTULO CUATRO

Los diez pecados mortales de la lengua

1. ¿Tiene usted problemas con la mentira? (¡Sea sincero!) ¿Se ha hecho responsable de eso ante un amigo cercano? Si no, ¿a quién podría pedirle que fuera su apoyo en esta responsabilidad?

2. ¿Puede identificar una ocasión en que haya "sembrado discordia" en el pasado? ¿Cómo debe responder cuando alguien con un espíritu de crítica empiece a compartir con usted?

3. ¿Ha sido usted un chismoso(a)? Si no, ¿puede recordar algunas veces cuando ha esparcido un chisme sin haberse dado cuenta? ¿Cómo puede controlar esta área de su vida?

4. ¿Alguna vez ha compartido información acerca de alguien o de una situación y luego se dio cuenta que no era verdad? ¿Qué le ayudaría a evitar hacer eso en el futuro?

5. ¿Alguna vez ha compartido algo, que le hayan dicho confidencialmente, con alguien más? ¿Cuáles serían algunas formas prácticas para que usted pueda convertirse en un confidente digno de confianza?

6. ¿Tiene problemas con maldecir? Si es así, ¿cómo puede romper este hábito en su vida? ¿Tiene a alguien con quien pueda responsabilizarse en esta área? ¿Siente que ha dicho maldiciones en el pasado de las cuales necesita arrepentirse y romperlas?

7. ¿Alguna vez ha usado el nombre de Dios para su conveniencia? Describa lo que hizo.

8. ¿Tiene tendencias a usar lenguaje sucio? ¿Se usa lenguaje sucio en el lugar donde trabaja? ¿Cómo puede mostrar amor a los no creyentes, pero evitando escuchar lenguaje sucio?

9. ¿Es usted una persona contenciosa? ¿Le gusta discutir? ¿Ha desarrollado el hábito de ser argumentativo y contencioso? ¿Cómo puede romper esos hábitos para que no afecten sus relaciones? ¿Quién es un amigo de confianza a quien pueda pedirle ayuda en esta área?

10. ¿Es usted una persona negativa o positiva? ¿Ha desarrollado el hábito de hablar negativamente? ¿Hay alguna atadura de incredulidad en su vida? ¿Qué puede hacer para romper ese hábito?

Puntos extra opcionales sobre Los siete pecados capitales

Para aquellos de ustedes a quienes les gustaba
recibir créditos extra en la escuela

Debido a que muchos creyentes tienen poca o ninguna experiencia en pensar acerca de "Los siete pecados capitales," éstos merecen más atención. Cuando pensamos un poco en estos pecados y las deficiencias espirituales en nosotros que nos llevan a ellos, un tiempo de introspección y corrección a través del Espíritu Santo y la palabra podría ser productivo.

1. **Orgullo.** Lea Proverbios 11:2. ¿Por qué es "mortal" el orgullo? Piense en los primeros tres Diez Mandamientos (vea Éxodo 20:1-7) y piense en esta pregunta: ¿Por qué es el orgullo el primero en la lista de los siete pecados capitales? ¿Cuál es el mayor elemento espiritual en el orgullo? ¿Ser humilde descarta complacerse en los logros de uno? ¿Qué cualidad de carácter es lo opuesto al orgullo? ¿Cómo podemos cultivar esa cualidad? ¿En qué forma se relaciona el uso de la lengua con esta cualidad de carácter (y su opuesto)?

2. **Envidia.** Lea Éxodo 20:17. ¿En qué forma son similares la codicia y la envidia? ¿Cuál es la principal deficiencia espiritual que muestra a alguien consumido por la envidia o la codicia? ¿Qué cualidad de carácter es lo opuesto a la envidia? ¿Cómo podemos cultivar esa cualidad? ¿En qué forma se relaciona el uso de la lengua con esta cualidad de carácter (y su opuesto)?

3. **Glotonería.** Lea Proverbios 23:20. Dios nos ha dado un apetito
por la comida y la bebida. ¿Por qué Dios desaprueba la glotonería? Lea Mateo 11:19 y Lucas 7:34. ¿Descarta la glotonería
como pecado "mortal" los banquetes y el comer demás de vez
en cuando? ¿Qué es lo impropio acerca de que alguien hecho
a la imagen de Dios se permita comer y beber de manera des-
controlada? ¿Qué cualidad de carácter es lo opuesto a la glotonería? ¿Cómo podemos cultivar esa cualidad? ¿En qué forma
se relaciona el uso de la lengua con esta cualidad de carácter
(y su opuesto)?

4. **Lujuria.** El séptimo mandamiento (vea Éxodo 20:14) es: "No
cometerás adulterio". Ahora, lea Mateo 5:28. ¿Cómo modificó
Jesús el mandamiento original? ¿Lo anuló, lo intensificó o lo
completó al volver a su intención original? La lujuria sexual es
una experiencia universal (especialmente entre los hombres).
Pero ahora lea 1 Juan 2:15-17. Aquí vemos el concepto de la lujuria, ampliado, para incluir una mayor variedad de cosas que
solamente el sexo. ¿Qué clase de cosas cree que incluye esto?
¿Qué cualidad de carácter es lo opuesto a la lujuria? ¿Cómo
podemos cultivar esa cualidad? ¿En qué forma se relaciona el
uso de la lengua con esta cualidad de carácter (y su opuesto)?

5. **Ira.** El sexto mandamiento (vea Éxodo 20:13) es: "No ma-
tarás". Ahora lea Mateo 5:21-22. ¿Cómo modificó Jesús el
mandamiento original? ¿Lo anuló, lo intensificó o lo completó
al volver a su intención original? Lea Efesios 4:26: Aquí vemos
que es posible enojarse ¡sin pecar! Sin embargo, ahora lea
Santiago 1:20: El enojo y la ira son emociones muy humanas,
pero la mayoría del tiempo estamos enojados debido a que
nuestra agenda, nuestros antojos y nuestros deseos han sido

bloqueados. ¿Cómo podemos saber la diferencia entre el enojo justo y el injusto? ¿Qué cualidad de carácter es lo opuesto a la ira? ¿Cómo podemos cultivar esa cualidad? ¿En qué forma se relaciona el uso de la lengua con esta cualidad de carácter (y su opuesto)?

6. **Avaricia.** El octavo mandamiento (vea Éxodo 20:15) dice: "No robarás". La codicia es el síndrome de que "nunca es suficiente". Lea Proverbios 11:6; Lucas 12:15; Romanos 1:29; Efesios 5:3. Leyendo estos pasajes, ¿a qué conclusiones llega acerca de la codicia? ¿Por qué Dios está tan en contra de eso? Ahora lea Colosenses 3:5. ¿Por qué dice Pablo que la codicia "es" idolatría? ¿Qué cualidad de carácter es lo opuesto a la codicia? ¿Cómo podemos cultivar esa cualidad? ¿En qué forma se relaciona el uso de la lengua con esta cualidad de carácter (y su opuesto)?

7. **Pereza.** La pereza no se menciona en los Diez Mandamientos. ¿Por qué cree usted que en las enseñanzas morales de la iglesia, ésta se encuentra como el último de "Los siete pecados capitales?" La pereza aparece en el libro de Proverbios más que en cualquier otro libro (vea Proverbios 12:24,27; 15:19; 18:9; 19:15,24; 21:25; 22:13; 24:30; 26:13-14). ¿Cuál es la conexión entre falta de sabiduría y la pereza? Lea Hebreos 6:12: ¿Qué cualidad de carácter es lo opuesto a la pereza? ¿Cómo podemos cultivar esa cualidad? ¿En qué forma se relaciona el uso de la lengua con esta cualidad de carácter (y su opuesto)?

CAPÍTULO 5

La lengua problemática

1. Aunque nuestra lengua es un pequeño miembro de nuestro cuerpo según el libro de Santiago, ésta puede hacer mucho daño. Su lengua, ¿ha empezado algunos incendios o causado algunos naufragios en su vida y relaciones? Tómese un momento ahora para escribir esos nombres y eventos. Si se siente incómodo haciéndolo, ¡use palabras en código! Lo importante es que podamos traerlos a la memoria para que pueda empezar a hacer las cosas de manera diferente.

2. Piense en los diez pecados de la lengua. ¿Cuál de estos pecados tiene usted mayor tendencia a cometer? ¿Cómo el aprender a controlar su lengua podría hacer una diferencia en su vida? ¿En su familia?

3. Cuando usted nació de nuevo Dios le dio el deseo de servirle y seguirle. Según Romanos 12:1-2, ¿cuán importante es para nosotros renovar nuestra mente con la Palabra de Dios? ¿Cómo afectará su vida el aprender a controlar su lengua? (Escriba algunas formas específicas.)

4. ¿Fue afectado usted por palabras que le dijeron cuando era niño? ¿En qué manera han afectado esas experiencias la forma en que usted interactúa con la gente hoy día? ¿Ha perdonado a aquellos que le dijeron cosas malas? Escriba los nombres de las personas que usted necesita perdonar.

5. ¿Está enfocándose en lo que la Palabra de Dios dice acerca de usted y no en las palabras negativas que la gente le ha dicho? ¿Qué pasos prácticos puede dar para creer lo que Dios dice acerca de usted?

6. ¿Cómo puede empezar a pronunciar palabras de vida en lugar de muerte sobre su vida? ¿Sobre sus amigos? ¿Sobre su familia?

7. Proverbios 18:21 nos dice: "Muerte y vida están en poder de la lengua". Proverbios tiene *mucho* más que decir acerca de la lengua. Abajo hay versículos seleccionados de Proverbios que nos dicen cómo las palabras pueden sanar o dañar. Lea estos versículos de una sola vez y permítales hablarle a su espíritu. (Tal vez quiera escoger un par de versículos para memorizarlos. Use su versión bíblica preferida; esta versión es LBLA).

10:18   El que oculta el odio *tiene* labios mentirosos, y el que esparce calumnia es un necio.

10:21   Los labios del justo apacientan a muchos, pero los necios mueren por falta de entendimiento.

11:11   Por la bendición de los rectos, se enaltece la ciudad, pero por la boca de los impíos, es derribada.

11:13   El que anda en chismes revela secretos, pero el de espíritu leal oculta las cosas.

12:14   Por el fruto de su boca cada cual se saciará de bien, y las obras de las manos del hombre volverán a él.

12:17   El que habla verdad declara lo que es justo, pero el testigo falso, falsedad.

12:22   Los labios mentirosos son abominación al Señor, pero los que obran fielmente son su deleite.

12:25   La ansiedad en el corazón del hombre lo de prime, mas la buena palabra lo alegra.

15:1   La suave respuesta aparta el furor, mas la palabra hiriente hace subir la ira.

16:27   El hombre indigno urde el mal, y sus palabras son como fuego abrasador.

18:6   Los labios del necio provocan contienda, y su boca llama a los golpes.

18:8   Las palabras del chismoso son como bocados deliciosos, y penetran hasta el fondo de las entrañas.

26:28   La lengua mentirosa odia a los que oprime, y la boca lisonjera causa ruina.

29:20   ¿Ves a un hombre precipitado en sus palabras? Más esperanza hay para el necio que para él.

30:32-33   Si has sido necio en ensalzarte, o si has tramado *el mal, pon* la mano sobre tu boca; porque batiendo la leche se saca mantequilla, y apretando la nariz sale sangre, y forzando la ira se produce contienda.

8. ¿Cuáles versículos le llamaron la atención? Use el espacio abajo para escribir lo que escuchó a Dios decirle a través de Sus palabras de sabiduría.

Domar la lengua

Uno de los puntos principales del capítulo seis es que "refrenar" la lengua significa: *hacer una pausa, reflexionar y orar.* Veamos cada una detenidamente:

1. **Hacer una pausa.** Hay un antiguo adagio que dice que si se siente enojado, cuente hasta diez antes de abrir su boca. ¿Le ha funcionado? Si no, ¿qué es lo que va a hacer en lo personal para tomarse un tiempo antes de decir algo que vaya a lamentar?

2. **Reflexionar.** Lea 2 Samuel 16:5-10. Cuando Simei maldijo abiertamente a David, David pudo haberse ofendido y con tan solo mover un dedo habría hecho decapitar a Simei. Pero vea la historia. ¿Cómo respondió David? Muchas veces, alguien dice algo que nos enoja *y hay algo de verdad en lo que dicen.* Queremos ponernos a la defensiva e insistir que estamos en lo correcto, o que no estamos haciendo nada malo. Pero si permitimos que el Espíritu Santo nos hable a través de esa persona, podríamos aprender algo importante. ¿Puede pensar en algún incidente en su propia vida donde haya perdido tal oportunidad de escuchar al Señor? Escriba sus pensamientos.

3. **Orar.** Controlar la lengua requiere una obra previa de Dios en nuestras vidas, así como de estar atentos a la "voz" de Dios

por medio de la palabra y de otros que nos hablan la palabra. ¿Qué tiene que ver la oración con todo esto? ¿Podemos esperar vivir una vida sobrenatural sin la oración? ¿Cómo puede incluir en su vida de oración una manera de escuchar la voz quieta, suave (o fuerte e insistente), del Señor en su vida?

4. Otro punto clave en este capítulo es cortar el árbol de la amargura. Lea Hebreos 12:14-15. ¿A qué cree usted que se refiere la "raíz de amargura"?

5. Cuando Isaías entró a la presencia del Señor (vea Isaías 6:1-8), él fue redargüido por sus palabras, y el Señor limpió su boca. ¿Cómo puede usted entrar a la presencia del Señor cada día? ¿Está comprometido a pasar tiempo con Dios todos los días? ¿Qué debe cambiar en su horario para que esto suceda?

6. Como la Biblia nos dice que pensemos en nuestros corazones, ¿recuerda alguna vez cuando su corazón estaba diciéndole que hiciera algo y usted no lo hizo? ¿Cuáles fueron las consecuencias? ¿Cuáles son algunas maneras en que puede entrenarse a escuchar a su corazón?

CAPÍTULO SIETE

El bautismo del cielo

1. ¿Qué es el bautismo en el Espíritu Santo?

2. ¿Ha recibido el bautismo en el Espíritu Santo? ¿Cómo puede saber si ha recibido el bautismo en el Espíritu Santo?

3. ¿Hay resistencia o apertura en su iglesia al bautismo en el Espíritu Santo? ¿Hay malentendidos acerca de Él? ¿Cuáles son?

4. ¿Cuán importante es ser lleno con el Espíritu Santo, para ser "bautizado" en el Espíritu Santo?

5. ¿Está acostumbrado a leer la Biblia de esta forma o es algo nuevo para usted? Puede estar seguro que esta forma de leer la Biblia tiene un antiguo linaje desde las propias enseñanzas de Cristo sobre sí mismo en el Antiguo Testamento. (Lea Lucas 24:27, 32.) La iglesia llama a esta manera de leer las Escrituras "lectura Cristológica del Antiguo Testamento". ¿Puede pensar en alguna historia que es ilustrada o en un tipo de Cristo en el Antiguo Testamento?

6. Bajo el subtítulo "Tipos del Antiguo Testamento", la vida de Abraham nos muestra los *tipos* del bautismo. Normalmente, cuando leemos "tipos", mentalmente pensamos en "clases de". Pero "tipo" es una palabra técnica en el estudio de la Biblia. Significa imágenes de cosas futuras por venir. Los "tipos de Cristo" en el Antiguo Testamento incluye el sistema sacrificial completo (vea Hebreos 8-10); el viaje de "tres días" mencionado en Génesis 22, en el cual Dios le dijo a Abraham toma a "tu hijo, tu único hijo", Isaac al "monte" y "átalo" sobre la "leña" para que él sea un "holocausto (es decir, un sacrificio por el pecado)". Esta historia ilustrada, aunque no es exactamente una profecía, abre un camino para que reconozcamos que en Cristo, quien es el Hijo de Dios, un sacrificio más grande sucedió en la cruz para quitar nuestros pecados.

Toda la referencia anterior fue presentada para dar lugar a la siguiente pregunta:

¿Qué opina usted del tipo en tres partes y el cumplimiento de los tres "bautismos" de Abraham y los tres bautismos que debemos tener nosotros, culminado por el bautismo en el Espíritu Santo?

CAPÍTULO OCHO

El idioma del cielo

1. ¿Cuán importante es tener una relación constante y apasionada con el Espíritu Santo para nuestra capacidad de vivir la vida cristiana de manera exitosa? ¿Cuáles son algunas de las áreas de su vida en las que usted ha crecido por medio del poder del Espíritu Santo?

2. ¿En qué tipos de experiencias ha tenido dificultad para controlar su lengua?

3. ¿Cuáles son los mitos acerca de orar en un idioma de oración?

4. ¿Verdad que es maravilloso que hay un don de lenguas en la Biblia? Si el orar en el Espíritu nos edifica y fortalece, ¿deberíamos someter nuestra lengua al Espíritu Santo diariamente?

5. ¿Se le dificulta andar en el poder y los dones del Espíritu Santo? Según lo que leyó en este libro, ¿qué puede hacer para edificar su fe en esta área?

6. ¿Ha recibido un idioma de oración del Espíritu Santo? ¿Tuvo que dar un paso de fe cuando lo recibió? Si usted no ha orado en un idioma de oración todavía, ¿está dispuesto a confiar en Dios en esta área y rendir su lengua a Él? Si hay miedo en su corazón en lo que se refiere a los dones del Espíritu Santo, ¿le pedirá al Señor que le ayude en esta área?

7. ¿Cuáles son algunos de los dones del Espíritu Santo que ya ha visto manifestados en su vida? (Ejemplo: enseñanza, liderazgo, generosidad, profecía, fe...)

8. Según 1 Corintios 14:14-15, ¿qué dice Pablo acerca del orar en lenguas?

9. Si este es un don del Espíritu Santo que nos edifica y nos fortalece, ¿cuál cree que es la intención de Satanás? ¿Qué tácticas usa él?

10. Primera Corintios 14:39 dice que no se prohíba (a la gente) hablar en lenguas. ¿Continúa esta Escritura siendo relevante para nosotros hoy día?

11. ¿Cuál debería ser nuestra actitud hacia los cristianos que no creen que este don sea para nuestro tiempo?

12. ¿Por qué cree que hay tanta controversia en torno al orar en lenguas?

13. Ya que el poder de la vida y de la muerte están en nuestra lengua, ¿es importante que sometamos nuestra lengua al Espíritu Santo diariamente de manera que podamos pronunciar vida y no muerte? ¿Cuáles son algunas maneras prácticas en las que podemos entregar nuestra lengua a Dios todos los días?

Las puertas de la alabanza

1. ¿Cómo entramos a la presencia de Dios con nuestras palabras?

2. ¿Cómo nos ayudan nuestras palabras a hablarle a la gente creada a la imagen de Dios?

3. ¿En qué manera es importante la alabanza en nuestra vida diaria? ¿Cuáles son algunas de las formas más significativas en que usted alaba a Dios?

4. Cuando estamos atravesando momentos difíciles y decidimos adorar al Señor con nuestras palabras, ¿cómo nos ayuda esto?

5. ¿Recuerda algún tiempo específico en su vida cuando Dios le ayudó porque usted escogió alabarlo a Él? Escriba sus pensamientos.

6. ¿Tenemos poder creativo? ¿Es Dios quien tiene poder creativo cuando optamos por alabarlo, y es su poder el que se desata en nuestras vidas?

7. ¿Estamos tratando de hacer que Dios esté de acuerdo con nuestras palabras, o estamos tratando de que nuestras palabras estén de acuerdo con Dios?

8. ¿Cómo es que Satanás trata de hacernos pronunciar palabras de muerte sobre nuestras vidas y sobre los demás?

9. ¿Cuán importantes son nuestras palabras para que se desate sobre nosotros vida y bendición o muerte y destrucción?

10. ¿Cuán importante es el idioma de alabanza en nuestra relación con el Señor? ¿Cuán importante es el idioma de alabanza en nuestra relación con nuestra familia y amigos?

11. ¿Qué nos dice la Biblia sobre "vestir el manto de la alabanza"? ¿Cuáles son algunas maneras en las que usted puede "vestir el manto de la alabanza" cada mañana?

CAPÍTULO DIEZ

¡Oh, cuánto importan sus palabras!

1. Según Romanos 10:9-10, ¿cómo somos salvos? ¿Qué es lo que dicen estos versículos que es importante hacer con nuestro corazón y nuestra boca?

2. El creer en nuestros corazón y confesar con nuestra boca, ¿qué tan importante es en nuestra vida como creyentes? ¿En qué forma es importante para nuestra madurez y crecimiento como creyentes?

3. ¿Qué pasos prácticos puede implementar hoy, y todos los días, para que sus palabras estén de acuerdo con la Palabra de Dios y Su voluntad para su vida?

NOTAS

1. Oxford English Dictionary (New York: Oxford University Press, 2005), n.p.

2. Woodrow Wilson, citado en World of Quotes. http://www .worldofquotes.com/author/Woodrow-Wilson:/1/index.html (accessed February 2006).

3. H. W. F. Gesemius, *Gesenius' Hebrew-Chaldee Lexicon to the Old Testament* (Grand Rapids, MI: Baker Book House 1984).

4. Max De Pree, *Called to Serve: Creting and Nurturing the Effective Volunteer Board* (Grand Rapids, MI: Wm. B. Eerdmans Publishing Company, 2001), n.p.

5. Clifford Notarius, Ph.D., y Howard Markman, Ph.D., *We Can Work It Out: How to Solve Conflicts, Save Your Marriage, and Strengthen Your Love for Each Other* (New York: Perigee Books; 1993), n.p.

6. BenW. Hooper y Everett R. Boyce, *The Unwanted Boy: The Autobiography of Governor Ben W. Hooper* (Knoxville, TN: University of Tennessee Press, 1963), n.p.

7. A. B. Simpson, *Days ofHeaven on Earth: ADailyDevotional to Comfort and Inspire* (Camp Hill, PA: Christian Publications, 1984), n.p.

8. Morgan Blake, citado en GeorgeW. Sweeting, *Who Said That?: More than 2,500 Usable Quotes and Illustrations* (Chicago: Moody Press, 1994), n.p.

9. *Ibíd.*

10. Finis Jennings Dake, Sr., *The Dake Annotated Reference Bible* (Lawrenceville, GA: Dake Publishing; June, 1989).

11. Charles Grandison Finney, *The Autobiography of Charles G. Finney* (Bethany House Publishers, 1977), n.p.

12. R. A. Torrey, *Why God Used D. L. Moody* (World Wide Publications, 1992), n.p.

13. *Ibíd.*

14. *Ibíd.*

15. H. W. F. Gesenius, *Gesenius' Hebrew and Chaldee Lexicon to the Old Testament* (Grand Rapids, MI: Baker Book House, 1984).

16. *Ibíd.*

17. Alfred Edersheim, *BibleHistory, Old Testament* (Grand Rapids, MI: WilliamB. Eerdmans Publishing, 1995).

18. Gary Chapman and Ross Campbell, M.D., *Los cinco lenguajes del amor para los niños* (Chicago: Northfield Publishing, 1997), p. 45.

19. Peter Doskoch, "The Winning Edge," *Psychology Today*, December 2005.

20. National Institutes of Mental Health (NIMH), "The Numbers Count: Mental Disorders in America: A Summary of Statistics Describing the Prevalence of Mental Disorders in America," 2001. http://www.nimh.nih.gov/publicat/numbers.cfm (accesado en febrero del 2006).